Training Note トレーニングノート β 英語長文読解

はじめに

　この問題集は，英語長文に関して標準レベルから，やや難しい国公私立大学の入試問題に対応しうる実力を短期間で養成することを目的に作成しており，国公私立の入試問題より質・量・内容の3拍子そろったものの中から，変貌しつつある現代の状況を見事にすくい取った素材を厳選しています。

　本書が志望校合格を目指されるみなさんが，新たな勉学の伴侶として栄冠を勝ちとられることを切に祈ります。「学力急伸型」の生徒には「しっかり学習すべき長文を，予習・復習のとき音読し，ひたすら英語を食べた」という共通項が存在するように思えます。この問題集を効果的に利用され，本書の長文を味わって明日への糧にされることを願ってやみません。

編著者しるす

本書の特色

- 17の題材は，最近の膨大な国公私立大学の入試問題から，構文・語彙・内容などすべてにわたって演習に適した長文を，出題頻度の高いジャンルから厳選しています。

- 最近の入試問題にしばしば登場する時代性・話題性に富んだ題材を数多く選んでいます。

- 17の問題は，それぞれの英文にふさわしい設問を入試問題より選び，本文の内容を正確に把握しているかチェックするための内容一致問題，記述式問題，必要に応じて入試で狙われやすい設問も追加しています。

- 読むスピードを意識できるように，目標時間と語数を表示し，p.3にWPMの記入欄を設けています。

- 解答編，各問題の文法上・構文上の要所・急所に詳細な解説を施しています。また，センス・グループごとに読める直読直解法を随所に解説し，問題ごとに長文読解に必要な英文法の重要項目を「ワンポイントレッスン」として取り上げて，学習効果が上がるように配慮しています。

目　次

❶ 列車に乗り合わせた2人のイギリス人の話題　　　会　話　　4

❷ 価値観とコミュニケーション　　　会　話　　6

❸ 臨死体験に関心を持つ医師の話　　　人　体　　8

❹ 手のひらをこすり合わせる効果　　　会　話　　10

❺ 水と生命を持つ唯一の星：地球　　　地球と環境　　12

❻ 野生動物と環境問題　　　生物・地球と環境　　14

❼ オンラインショッピング　　　社　会　　16

❽ 火山が地球に与える影響　　　地球と環境　　18

❾ 芸術作品に描かれた食べ物の意味　　　芸　術　　20

❿ 白熊の進化とその知られざる実態　　　生　物　　22

⓫ 新聞のニュース記事を上手に読む極意　　　情　報　　24

⓬ 大型トカゲと現地人の共存　　　生物・文化　　26

⓭ 東洋と西洋の違いとは？　　　文化・社会　　28

⓮ ある国語教師の実践が証明した音読の効用　　　教　育　　30

⓯ 家事分担における新しい夫婦像の一考察　　　エッセー・社会　　32

⓰ 心の傷を和らげる方法　　　会話・心理　　34

⓱ 息子の新たな門出に寄せて―あるビジネスマンの手紙　　　教育・人生　　37

WPM表

$$WPM＝本文語数×\frac{60}{読むのにかかった時間(秒)}$$

日付	／	／	／	／	／	／	／	／	／
単元	1	2	3	4	5	6	7	8	9
語数	458	238	275	384	327	399	413	362	389
読むのにかかった時間(秒)	秒	秒	秒	秒	秒	秒	秒	秒	秒
WPM									

日付	／	／	／	／	／	／	／	／
単元	10	11	12	13	14	15	16	17
語数	336	370	307	438	527	469	569	555
読むのにかかった時間(秒)	秒	秒	秒	秒	秒	秒	秒	秒
WPM								

※ WPM とは Words Per Minute の略で，1 分間に何語読めたかを表します。

重要構文

❶ be supposed to 〜 ………………………………… 4
❷ consider O C …………………………………………… 6
❸ not always 〜（部分否定）………………………… 8
❹ 前置詞＋関係代名詞 ……………………………… 10
❺ 強調の助動詞(do) ………………………………… 12
❻ no longer ……………………………………………… 14
❼ make it C to do ……………………………………… 16
❽ as（接続詞）〜 ……………………………………… 18
❾ seldom …………………………………………………… 20
❿ (Upon) 〜 ing ……………………………………… 22
⓫ no matter how 〜 ………………………………… 24
⓬ when（関係副詞）〜 ……………………………… 26
⓭ those（代名詞）……………………………………… 28
⓮ not only A but (also) B ………………………… 30
⓯ all the 比較級 because 〜 ……………………… 32
⓰ might as well ……………………………………… 34
⓱ combine A with B ………………………………… 37

解答編：ワンポイントレッスン

❶ 動名詞の用法 ………………………………………… 2
❷ 関係代名詞の制限（限定）用法と非制限（継続）用法 … 3
❸ 部分否定と全体否定（完全否定）………………… 5
❹ 自動詞と間違えやすい他動詞 …………………… 6
❺ さまざまな「譲歩」の副詞節による表現 ………… 8
❻ 接続詞 if の様々な用法 ………………………… 10
❼ 大過去を表す had ＋過去分詞 ………………… 11
❽ さまざまな分詞構文の表現 ……………………… 13
❾ 名詞構文 ……………………………………………… 14
❿ 結果を表す so … that 〜 の表現 ……………… 16
⓫ ＜of＋抽象名詞＞の表現 ………………………… 17
⓬ as far as と as long as ………………………… 19
⓭ 代名詞 that と those の表現 …………………… 20
⓮ ＜the＋比較級 …, the＋比較級＞の表現 ……… 22
⓯ 再帰代名詞（〜 self）の用法 …………………… 24
⓰ might as well と might as well 〜 as ……… 26
⓱ too 〜 to … の表現 ……………………………… 28

POINTS

列車内での初対面の2人のイギリス紳士が必ず選ぶ話題—天候について考察した入試超頻出文。2人の心理状況をつかもう。

Everyone knows what is supposed to happen when two Englishmen who have never met before come face to face in a railway compartment — they start talking about the weather. In some cases this may simply be because they happen to find the subject interesting.   Most people, though, are not particularly interested in analyses of climatic conditions, so there

5 must be other reasons for conversations of this kind. One explanation is that it can often be quite embarrassing to be alone in the company of someone you are not acquainted with and not speak to them. If no conversation takes place the atmosphere can become rather strained. However, by talking to the other person about some neutral topic like the (A), it is possible (a)to strike up a relationship with him without actually having to say very much.

10 Railway compartment conversations of this kind — and they do happen, although not of course as often as the popular myth supposes — are a good example of the sort of important (B) function that is often fulfilled by language. Language is not simply a means of communicating information — about the weather or any other subject. It is also a very important means of establishing and maintaining relationships with other people. Probably

15 the most important thing about the conversation between our Englishmen is not the words they are using, but the fact that they are talking at all.

There is also a second explanation. It is quite possible that the first Englishman, probably subconsciously, would like to get to know certain things about the second — for instance what sort of job he does and what social status he has. Without this kind of information

20 he will not be sure exactly how he should behave towards him. He can, of course, make intelligent guesses about his companion from the sort of clothes he is wearing, and other visual clues, but he can hardly ask him direct questions about his social background, at least not (1)at this stage of the relationship. (2)What he can do is to engage him in conversation. He is then likely to find out certain things about the other person quite easily. He will learn

25 these things not so much from what the other man says as from how he says it, for whenever we speak we cannot avoid giving our listeners clues about our origins and the sort of person we are. Our accent and our speech generally show what part of the country we come from,

4

and what sort of background we have. We may even give some indication of certain of our ideas and attitudes, and all of this information can be used by the people we are speaking with to help them formulate an opinion about us.

〔北大医療技術短大〕

□ **1**　空所（　A　），（　B　）に入る最も適切な１語をそれぞれ本文から抜き出して答えなさい。

A _____　　　　B _____

□ **2**　下線部(a)の意味に最も近いものを下から選びなさい。　　　　（　　　）

ア　to attack　　イ　to finish　　ウ　to impress　　エ　to start

□ **3**　下線部(1)を日本語で具体的に説明しなさい。

_____

□ **4**　下線部(2)の him が指すものを明示して和訳しなさい。

_____

□ **5**　本文の内容と一致するものを下から２つ選びなさい。　　（　　　）（　　　）

ア　英国人は日本人と異なり，会ったばかりの人と天候の話などしない。

イ　列車の客席で初めて会った人と会話を交わすのは寂しいからだ。

ウ　言語は単に情報伝達の手段であるだけでなく，人との関係を作り上げる手段でもある。

エ　初対面の人との会話でいちばん重要なのは，言葉づかいではなく話す内容だ。

オ　話し方やなまりから人の出身地や経歴がわかるものだ。

カ　２人のイギリス人が天候について話し始めるのは，列車の中で向かい合って座るときだけである。

キ　列車の中で２人のイギリス人が交わす会話では，話の内容の方が２人が話しているという事実より重要である。

重要語句　□ compartment　　□ particularly　　□ analyses＜analysis　　□ climatic
□ embarrassing　　□ be acquainted with ～　　□ atmosphere　　□ popular myth
□ subconsciously　　□ not so much A as B　　□ indication　　□ formulate

POINTS

人と円滑なコミュニケーションをとるために必要なこととは何だろう。コミュニケーションの際に大切にしていることは，国によって違いがあるのだろうか。

When people communicate, they usually assume shared values. But in fact, there are often notable differences in the values recognized by particular groups of people. For example, while many people within the European Union (EU) agree on several common values, there are differences among their countries.

5　A 2007 European Commission report identified clear examples of these similarities and differences. (1)People from various countries were asked to choose which values they consider important in their society. As shown in the graph, a majority of the respondents in the EU considered peace important for them (61%). This was followed by respect for the environment, which was selected by exactly half of the respondents.

10　However, when the results were compared by country, a different picture emerged. Although overall, social equality, freedom of opinion, and (　2　) were equally valued, differences were noted among countries. For example, freedom of opinion was selected by 37 percent of all respondents, but more highly valued in the UK (55%) and the Netherlands (52%) than elsewhere. The greatest variation was found in the results for how people regard
15　tolerance, which was selected by 60 percent in the Netherlands but only 11 percent in Greece.

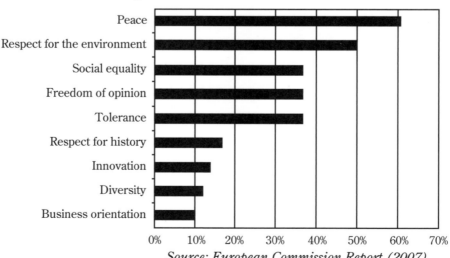

Key Societal Values in the EU

Source: European Commission Report (2007)

Such differences in values can cause misunderstandings in communication between people with different backgrounds. (3), to improve communication, it is important to recognize differences in values. Therefore, to become effective communicators, people should reflect objectively on their own values.

□ **1**　下線部(1)を和訳しなさい。

_____

_____

□ **2**　空所（ 2 ），（ 3 ）に入る最も適切なものをそれぞれ下から選びなさい。
（ 2 ）ア　diversity　　イ　innovation　　ウ　peace　　エ　tolerance　　（　　）
（ 3 ）ア　Judging from the graph　　　イ　To put it another way
　　　　ウ　When it comes to the report　　エ　According to the past literature
　　　　　　　　　　　　　　　　　　　　　　　　　　　　　　　　　　（　　）

□ **3**　本文の内容と一致するものを下から２つ選びなさい。　　　（　　）（　　）
ア　People in the EU share values such as peace and respect for the environment, but countries have different priorities.
イ　Greek values regarding tolerance closely follow the EU member trend.
ウ　People in the EU now believe that business orientation is more important than respect for history.
エ　Respect for the environment is less than the three least commonly selected values combined.
オ　In the Netherlands, 60% of people consider tolerance as an important value, which was the item with the largest gender gap.
カ　The Netherlands and the UK share a similar view concerning freedom of opinion.

□ **4**　次の質問の答えとして最も適切なものを下から選びなさい。　　　　（　　）
According to the writer, what is needed to become a good communicator?
ア　To agree on a shared set of values.
イ　To consider the number of respondents.
ウ　To have a high regard for EU member countries.
エ　To think about one's own values and those of others.

重要語句　□ notable　　□ identify　　□ emerge　　□ overall　　□ elsewhere
□ variation　　□ tolerance　　□ objectively

✎ POINTS

臨死体験は，死の恐れをやわらげる心理的防衛機構なのだろうか。医学的には感情的なものと霊的なものとの可能性があるようだ。

I have often been asked why I am so interested in near-death studies. Frankly, it is because I believe these stories. These stories are told with such beauty and simplicity by children and adults alike who have nothing to gain by making them up. They demand to be investigated.

I did not always feel this way. When I first heard of near-death experiences, I thought
5 they were just hallucinations generated by medication or lack of oxygen. I, (1)like most of my peers, thought (2)they were some sort of psychological defense mechanism designed to soothe the fear of dying.

After four years of medical school and two years of residency training, I had helped patients cheat death many times. Yet never once ⬚ 3 ⬚ about going up a tunnel to another
10 world. Now I realize that many of my patients might have had near-death experiences. I just didn't spend enough time listening to them to find out.

Luckily, a shy and pretty seven-year-old girl told me about a vivid near-death experience that occurred when she nearly drowned in a community swimming pool and was clinically dead for nineteen minutes.

15 While casually telling me what it was (4)like to almost die and to come back, she must have noticed the shocked look on my face. "Don't worry, Dr. Morse. You'll see, heaven is fun!"

After that story, my life has ⬚ 5 ⬚ been the same, I realize that there is (6)room for emotion and spirituality in medicine. After researching near-death experiences all these years, I have heard plenty of both, untainted by a need to please. These stories are straight from the
20 heart.

(注) hallucination 幻覚   medication 薬物（治療）   residency 専門医学実習生の期間   〔神奈川工大〕

□ **1** 下線部(1)の意味として最も適切なものを下から選びなさい。   (   )
　ア　私の同僚の大部分と同様に　　イ　私の同僚の多くが好きである
　ウ　私の同僚の一部と同様に　　エ　私の同僚の一部が好きである

□ **2**　下線部(2)の they の指し示すものを下から選びなさい。　　　（　　　）

ア　beauty and simplicity　　　　イ　near-death experiences

ウ　medication or lack of oxygen　　エ　my peers

□ **3**　文脈に合うように[3]に次のア～キの語を並べかえて入れるとき，最初から5番目に入る語を示しなさい。　　　（　　　）

ア　one　　イ　I　　ウ　them　　エ　speak　　オ　hear　　カ　did　　キ　of

□ **4**　下線部(4)の like の意味として最も適切なものを下から選びなさい。　　　（　　　）

ア　with the same qualities as　　イ　to be willing to

ウ　to have good feelings about　　エ　to have habitually

□ **5**　文脈から考えて[5]に入る最も適切なものを下から選びなさい。　　　（　　　）

ア　always　　イ　ever　　ウ　never　　エ　sometimes

□ **6**　下線部(6)の room の意味として最も適切なものを下から選びなさい。　　　（　　　）

ア　a place

イ　a division of a building, which has its own walls, floor, and ceiling

ウ　the need or possibility for something to happen or be done

エ　a risk

□ **7**　本文の内容と一致するものを下から選びなさい。　　　（　　　）

ア　私は最初，臨死体験談は美しくて素朴なので本当だと思っていた。

イ　臨死体験は死の恐れをやわらげるための心理的防衛機構であり，薬物や酸欠による幻覚とは違うと私は思っていた。

ウ　私は医師になってから患者の死に立ち会う機会が多くあったが，こちらから聞かなかったので臨死体験談を一度も聞いたことがなかった。

エ　プールで溺れて死にかかった女の子から体験談を聞いたとき，「モース先生，心配しなくてもいいよ。天国はおもしろいところなのよ」と言われて私はショックを受けた。

オ　長年臨死体験を研究してきて，臨死体験を語る人には，心の内をありのままに話す人と，他人を喜ばせてやろうという欲求から話す人の両方があることに私は気づいた。

重要語句　□ near-death studies　　□ investigate　　□ lack of oxygen　　□ peer
□ psychological defense mechanism　　□ soothe　　□ cheat　　□ clinically
□ emotion　　□ spirituality　　□ untainted

語数 384語
目標 3分10秒

解答▶別冊P.6

POINTS

手のひらをこすり合わせることで，人間は何らかの心理を表しているという。いったいどのようなことがわかるのだろうか。

Recently, a friend visited us at home to discuss our forthcoming skiing holiday. In the course of the conversation she sat back in her chair, smiled broadly, rubbed her palms together rapidly and exclaimed, "I can hardly wait!" With her raised-palm-rub she had told us non-verbally that she expected the trip to be a big success.

5 【(1) (2) together (3) (4) in (5) (6) (7) (8) (9).】 The dice thrower rubs the dice between his palms as a sign of his positive expectation of winning, the TV host rubs her palms together and says to the audience, " a ," and the excited salesperson struts into the sales manager's office, rubs his palms together and says excitedly, " b !" However, the server who comes to your table at the 10 end of the evening rubbing her palms together and asking, " c ?" is non-verbally telling you that she expects a good tip.

(1)The speed at which a person rubs their palms together signals who they think will receive the positive benefits. Say, for example, you want to buy a home and you visit a real estate agent. After you describe the property you want, the agent rubs his palms together 15 quickly and says, " d !" In this way the agent has signaled that he expects the results to be to your benefit. But how would you feel if he rubbed his palms together very slowly as he told you that he had the ideal property? He'd seem sneaky or devious and you'd get the feeling that A .

Salespeople are taught to use the palm-rub gesture when describing products or services 20 to prospective buyers, and to use a fast hand action to avoid putting buyers on the defensive. When a buyer quickly rubs her palms together and says, " e !" it signals that she's expecting to see something good and might buy.

Always remember context: (2)a man who rubs his palms together briskly while standing at a bus terminal on a cold day may not necessarily be doing it because he's expecting a bus. 25 He may be doing it because his hands are cold.

（注） strut　得意げに歩く　　devious　ずる賢い　　〔大阪府立大〕

□ **1**　文脈に合うように（　1　）〜（　9　）に次のア〜ケの語を並べかえて入れるとき，（　2　），（　4　），（　7　）に入る最も適切なものを示しなさい。

2（　　）　4（　　）　7（　　）

ア　a way　　イ　communicate　　ウ　expectations　　エ　is　　オ　people
カ　positive　　キ　rubbing　　ク　the palms　　ケ　which

□ **2**　　a　〜　e　に入る最も適切なものをそれぞれ下から選びなさい。（同じものを2回以上使用しないこと）

a（　　）　b（　　）　c（　　）　d（　　）　e（　　）

ア　Anything else, madam
イ　I've got just the right house for you
ウ　Let's see what you have to offer
エ　We have all been looking forward to meeting our next guest
オ　We've just received a big order

□ **3**　下線部(1)を和訳しなさい。

_____

□ **4**　空所　A　に入る最も適当なものを下から選びなさい。　　　　（　　）

ア　he expected the results to benefit him, not you
イ　he was looking after your interests
ウ　he was sure the results would benefit you
エ　the result did not matter

□ **5**　下線部(2)を和訳しなさい。

_____

_____

重要語句　□ rub　　□ palm　　□ non-verbally　　□ signal (v.)　　□ benefit
□ property　　□ sneaky　　□ prospective　　□ avoid　　□ defensive　　□ context
□ briskly

5 水と生命を持つ唯一の星：地球

語数 327語
目標 2分40秒

解答▶別冊P.7

POINTS

太陽系の一員である我々の住む星——地球。それは太陽系で水と生命を持つ唯一の惑星である。地球における水と生命の実態は…。

The earth is unusual among the planets of the solar system in possessing a surface temperature that permits water to exist in all three states: liquid, solid, and gas. A number of worlds farther from the sun are essentially icy. Some have surface ice and may have liquid water underneath the surface, but all such outer worlds can have only traces of water vapor
5 above the surface.

The earth is the only body in the solar system, as far as we know, to have oceans — vast collections of liquid water exposed to the atmosphere above. Actually, I should say *ocean*, because the Pacific, Atlantic, Indian, Arctic, and Antarctic oceans make up one connected body of salt water in which Europe-Asia-Africa, the American continents and smaller bodies
10 such as Antarctica and Australia can be considered islands.

Large and wide as it is, the ocean makes up only a little over 1/4,000 of the total mass of the earth. If we imagine the earth to be the size of a billiard ball, the ocean would only be an unnoticeable film of moisture on it. If you went down to the very deepest part of the ocean, you would only be 1/580 of the distance to the center of the earth — and all the rest of the
15 distance would be first rock and then metal.

And yet that unnoticeable film of moisture means everything to us. The first forms of life originated there; and from the standpoint of quantity, the oceans still contain most of our planet's life. On land, life is restricted to within a few feet of the surface (though birds do make temporary journeys from this base); in the oceans, life permanently occupies the
20 whole realm as deep as seven miles or more in some places.

And yet, until recent years, human beings have been as ignorant of the ocean depths and particularly of the ocean floor as if the ocean were located on the planet Venus.

〔成蹊大〕

□ **1**　それぞれの問いにつき最も適切なものを下から選びなさい。

(1)　According to the article, what makes the earth unique among the planets?　（　　）

　ア　It is made up of three types of materials.

　イ　It has only insignificant amounts of water vapor.

　ウ　It has water beneath the surface.

　エ　It has water in all three forms which it can take.

(2)　Why does the author prefer the word *ocean* to oceans?　（　　）

　ア　Because of the vast collection of fresh water.

　イ　Because all of the oceans are really united.

　ウ　Because the atmosphere allows rain and snow to create large bodies of water.

　エ　Because the ocean depths provide unique forms of life.

(3)　Why does the author use the billiard ball as an example?　（　　）

　ア　To show where the center of the earth exists.

　イ　To show how life originated.

　ウ　To show how moisture affects the earth's surface temperature.

　エ　To show the proportion of water to the earth's mass.

(4)　What is the main difference between life on land and life in the sea?　（　　）

　ア　Life on land inhabits all the surface areas of the earth.

　イ　Life on land is dependent on water.

　ウ　Life on land moves or travels at a fixed speed.

　エ　Life exists at all depths in the sea.

(5)　How does the author feel about our studies of the ocean?　（　　）

　ア　We know as little about it as we do about outer space.

　イ　We know a lot about the ocean floor.

　ウ　We need to know more about life on Venus to compare them.

　エ　We need to know more about how the film of moisture changes the billiard ball.

重要語句　□ solar system　　□ liquid　　□ solid　　□ gas　　□ underneath
□ trace　　□ vapor　　□ exposed to ～　　□ atmosphere　　□ Arctic　　□ Antarctic
□ mass　　□ unnoticeable　　□ moisture　　□ quantity (↔ quality)
□ be restricted to ～　　□ temporary　　□ realm [rélm] 〈発音注意〉

解答▶別冊P.9

POINTS

現在，世界中で多くの熱帯雨林が伐採されている。動物たちにどのような問題が発生し，どう対処しているのかを読み取ろう。

Sometimes animals die. It is a fact of nature. Sometimes all the members of a (a)particular species of animal die. That also is a fact of nature. Take dinosaurs, (　1　) example. Scientists are still not certain why all of the dinosaurs died, but most likely they died from some kind of natural cause.

5　In the modern world, however, many animals die from causes that are not natural. Consider the species living in the rainforest. Every day, more and more areas of rainforests are cut down or burned. When parts of the rainforests are lost, all of the animals living there lose their homes, or they are killed by the cutting of trees and fires.

The rainforest is not the only place (　2　) animals are losing their homes and dying. 10 Around cities, animals are facing (b)similar situations. As cities grow, humans move into the natural areas (　3　) them. This means that every kind of animal from mice to birds to deer must either (c)adapt to living near humans (　4　) move to another area. Those animals — or in some cases those species — which are not able to adapt or find new homes eventually die.

15　In recent years, efforts have been made to protect certain lands in order to prevent killing the plant and animal species (d)native to the area. State and national parks along with special areas for birds and wildlife have been established to protect the natural homes of endangered species. Also, wildlife management programs have helped bring back some species from almost certain extinction. A good example of this is the bald eagle. Less than fifty years 20 ago, the North American bald eagle was in serious danger of extinction. The use of DDT, a chemical that kills insects, was (e)affecting the eagle's population. Too many farmers were using this chemical. Finally, the government made farmers stop using DDT, and then scientists stepped in to make sure that eagle eggs were protected until the young could be born. (1)Today, the bald eagle is no longer endangered, and the number of eagles in the 25 United States continues to grow without the help of scientists.

Although protected lands have been established and wildlife management programs keep an eye (　5　) highly endangered species, scientists have yet to determine if these efforts are enough. Is it possible to save all the plants and animals that are endangered today, or is it already too late?

(注) species 種(しゅ)　dinosaurs 恐竜　rainforest 熱帯雨林
endangered 絶滅の危機にさらされた　extinction 絶滅　bald eagle ハクトウワシ
DDT ディーディーティー(殺虫剤)　　　　　　　　　　　　　　　　〔愛知工業大〕

□ **1**　空所(1)〜(5)に入る最も適切なものをそれぞれ下から選びなさい。
(1)　ア in　　イ as　　ウ to　　エ for　　　　　　　　　　（　　）
(2)　ア how　　イ which　　ウ where　　エ what　　　　　　（　　）
(3)　ア surround　　イ have surrounded　　ウ surrounded　　エ surrounding
　　　　　　　　　　　　　　　　　　　　　　　　　　　　　　　　（　　）
(4)　ア and　　イ or　　ウ but　　エ also　　　　　　　　　（　　）
(5)　ア on　　イ in　　ウ at　　エ for　　　　　　　　　　（　　）

□ **2**　下線部(a)〜(e)の意味に最も近いものを下から選びなさい。
(a)　ア 新しい　　イ 珍しい　　ウ 複数の　　エ 特定の　　　　　（　　）
(b)　ア まれな　　イ 未知の　　ウ 同様の　　エ 繰り返し起こる　（　　）
(c)　ア 依存する　　イ 適応する　　ウ 採用する　　エ 侵略する　（　　）
(d)　ア 特有の　　イ 途中の　　ウ 生まれたばかりの　　エ 言葉を話す　（　　）
(e)　ア 余裕がある　　イ 効果がある　　ウ 影響を及ぼす　　エ 増加させる　（　　）

□ **3**　下線部(1)を和訳しなさい。

_____

□ **4**　本文の内容と一致するものには○，一致しないものには×をそれぞれ書きなさい。
(1)　科学者たちは，恐竜が絶滅した理由についてまだ確信していないが，何らかの自然現象
　　が原因で絶滅した可能性が大きい。　　　　　　　　　　　　　　　　　　（　　）
(2)　熱帯雨林に生息する動物だけが絶滅の危機にさらされている。　　　　　（　　）
(3)　都会の居住者が大量に使う殺虫剤はハクトウワシの頭数の減少と関連がある。（　　）
(4)　アメリカで，ハクトウワシは50年以上の間，絶滅の危機にさらされていた。（　　）
(5)　絶滅の危機にさらされた種を保護するために，野生生物のための特別区をともなう国立
　　公園が設立されている。　　　　　　　　　　　　　　　　　　　　　　（　　）

重要語句　□ face(v.)　□ adapt to 〜　□ eventually　□ effort　□ prevent
□ native to 〜　□ along with 〜　□ bring back　□ less than 〜
□ be in danger of 〜　□ affect　□ make sure that 〜　□ no longer
□ keep an eye on 〜　□ have yet to 〜

POINTS

解答▶別冊P.11

家にいながらクリック一つで買い物できるのは非常に便利だが，トラブルに遭遇してしまったらどうする？次の広告とメールを見てみよう。

Walls For You, Inc.

　　Walls For You, Inc. is your one-stop shopping center for all your wallpapering needs. For 55 years now, we have been helping customers with customized wallpaper (1)that turns dull, boring houses into wonderfully warm homes. You can come to our store,
5　located in the Greenville Shopping Mall in the Lower Mainland or you can visit us online at www.walls4you.com. We have an extensive range of every color, pattern and texture imaginable for every type of design. Our website makes it very easy to browse through all the latest types of wallpaper styles, many of which have changed drastically in just the last few years, in design and in patterns and textures. In fact, we feel absolutely
10　confident that we have every type of wallpaper you can hope for, or possibly even imagine!

　　Our online ordering system is very easy to navigate. Simply click on the wallpaper styles you like and indicate how much you need, and your selections will automatically be sent into your shopping cart. Once you've completed shopping, proceed to the checkout and there you will find payment options involving credit cards, PayPal, and
15　if you are already registered for our special online credit system, simply log in and follow the instructions. If you live in the Greater Norwalk area, your order will take 3-5 business days to arrive but, for a small additional fee, you can reduce this to 2 business days with our special Expedited Shipping Option. If you live outside this area, your order will take longer to arrive, depending on the distance from our store.

20　From: Steve Manly <manly.man@eweb.com>

To: Customer Support <support@walls4you.com>

Date: 12 March 2018

Subject: Order #4416

　　I ordered 4 different wallpaper types using your online system. I had previously
25　registered with your special online credit system, but this was the first time I'd actually used it. I had a lot of trouble logging in but eventually it worked. But then, I actually had

to log off and try again because the system seemed to hang or to freeze. (2)Unfortunately, this seems to have created some confusion in my order because it seems that your system charged me for the same order twice! Hence, what should have been $235.57 became $471.14. I noticed the problem right away but I could not reach anyone through your online help section. Instead, I was given this e-mail address.

So please look at this and get it sorted out ASAP.

Thank you,

Steve Manly

〔北里大－改〕

□ **1** 下線部(1)について，次の質問の答えとして最も適切なものを１つ選びなさい。

（　　　）

Which of the following best represents the meaning of the phrase "that turns dull, boring houses into wonderfully warm homes"?

ア The service that Walls For You, Inc. provides is the necessary heat and energy that makes homes and houses warm and wonderful.

イ Walls For You, Inc. is trying to market itself as an expert in making typical ordinary living spaces into more exciting and comfortable versions.

ウ Walls For You, Inc. can transform houses into homes because the company has a special qualification that it has every type of wallpaper customers can hope for, or possibly even imagine.

エ Only houses that have wallpaper selected from this company's extensive range of colors, patterns, and textures for every type of design style, can be considered homes.

□ **2** 下線部(2)を和訳しなさい。

_____

□ **3** 本文の内容と合わないものを下から１つ選びなさい。　　　　（　　　）

ア Walls For You, Inc. has both an online store and also a real "brick" store at the Greenville Shopping Mall within the Greater Norwalk area.

イ Walls For You, Inc. allows payments to be made online using credit cards, PayPal, as well as a special online credit system for which shoppers must first register.

ウ Since Walls For You, Inc. first began business 55 years ago, wallpaper styles have changed drastically in design and in patterns and textures.

エ Unless shoppers pay extra for a special Expedited Shipping Option, all orders will take 3-5 business days to arrive.

重要語句 □ one-stop　□ dull　□ extensive　□ range　□ pattern　□ texture
□ imaginable　□ browse　□ latest　□ drastically　□ navigate　□ register

POINTS

解答▶別冊P.12

火山が噴火することにより，惑星にどのような影響を与えるのか，氷河期が生み出したメカニズムとともに読み取ろう。

After a big volcano erupts, all of Earth may be treated to deep red sunsets each evening for months — an important clue that volcanoes affect the atmosphere. As ash (　1　) into the atmosphere and spreads around the globe, it hangs in the air, scattering sunlight and tinting sunsets more vivid colors.

5　But the effects of volcanoes on a planet's atmosphere can go far beyond gorgeous sunsets. Take what happened several hundred million years ago in Siberia. If you travel there today, you can visit the "Siberian traps," an expanse of solid volcanic rock stretching across 870 miles. Scientists who have tested the rock say it is about 250 million years old. Before the rock cooled, it was all hot, flowing lava. And judging from the sheer amount of the rock,

10　which (1)would stretch from New York City to Atlanta, Georgia, the volcanoes that spilled it (　2　) monstrously large.

Scientists believe the Siberian volcanoes erupted again and again, pouring hot, melted rock out of Earth's insides for about 600,000 years. And each time they erupted, they blasted tons of ash into the skies of Earth.

15　They also spewed out deadly, choking gases. Melting minerals released sulfates, which, as they heated up, changed into sulfur dioxide gas.

The ash and gas belched out by the Siberian volcanoes rose high into the atmosphere. The ash blocked some sunlight from reaching Earth. Meanwhile, the sulfur dioxide gas combined with water in the air to make burning sulfuric acid. The acid droplets (　3　)

20　some of the Sun's rays back into space, further cooling the air.

Gradually, temperatures dropped everywhere. The polar ice caps grew enormous, as ocean water froze. Eventually, much of Earth lay frozen under a coating of ice. Hot volcanoes (　4　) a new ice age. Meanwhile, acid rain pelted the ground, and acid snow drifted down from the clouds.

25　Around the same time as this planetary catastrophe, (　5　) of all the plant and animal species in the seas of Earth gradually died off, leaving only their fossils. Many scientists blame this mass extinction, which took thousands of years, on those erupting volcanoes and the chain-reaction events that followed them.

(注) erupt 噴火する　　tint 染める　　lava 溶岩　　spew out 噴出する　　sulfate 硫酸塩
sulfur dioxide gas 二酸化硫黄ガス　　belch out 噴出する　　sulfuric acid 硫酸
polar ice cap 極氷冠　　pelt 強く打つ

□　**1**　空所（　1　）に入る最も適切なものを下から選びなさい。　　　　（　　　）
ア　raises　　イ　raising　　ウ　rises　　エ　rising

□　**2**　下線部(1)と同じ用法の would を下から選びなさい。　　　　（　　　）
ア　Jesse said that he would be eighteen the next month.
イ　If I were you, I would go there.
ウ　Tom wouldn't tell me the whole story.
エ　When I was young I would listen to the radio.

□　**3**　空所（　2　）に入る最も適切なものを下から選びなさい。　　　　（　　　）
ア　must be　　イ　must have been　　ウ　would be　　エ　would have to be

□　**4**　空所（　3　）に入る最も適切なものを下から選びなさい。　　　　（　　　）
ア　absorbed　　イ　formed　　ウ　lost　　エ　reflected

□　**5**　空所（　4　）に入る最も適切なものを下から選びなさい。　　　　（　　　）
ア　had begun　　イ　have begun　　ウ　will begin　　エ　would have begun

□　**6**　空所（　5　）に入る最も適切なものを下から選びなさい。　　　　（　　　）
ア　about 50 percent　　　　イ　less than 30 percent
ウ　more than 90 percent　　エ　none

□　**7**　本文の内容と一致するものを下から選びなさい。　　　　（　　　）
ア　Many of the active volcanoes are located in the Siberian traps.
イ　The amount of carbon dioxide that volcanoes emit is extremely small compared to recent emissions for human activities.
ウ　The eruption of the Siberian volcanoes cooled the earth by blocking solar radiation.
エ　Volcanic eruptions in history have had a direct influence on global warming.

重要語句　□ volcano　　□ atmosphere　　□ stretch (v.)　　□ blast　　□ deadly
□ mineral　　□ planetary　　□ catastrophe　　□ fossil　　□ extinction
□ chain-reaction

POINTS

過去に描かれた芸術作品に食べ物が描かれていることはよくある。この食べ物は一体何を意味しているのだろう。

Art may reflect the ways people lived. Researchers have discussed how art portrays clothing and social settings. One study was conducted to determine if this idea could be extended to paintings featuring family meals. The results of this study might help illustrate why certain kinds of foods were painted.

5　The researchers examined 140 paintings of family meals painted from the years 1500 to 2000. These came from five countries: the United States, France, Germany, Italy, and the Netherlands. The researchers examined each painting for the presence of 91 foods, with absence coded as 0 and presence coded as 1. For example, when one or more onions appeared in a painting, the researchers coded it as 1. Then they calculated the percentage of
10　the paintings from these countries that included each food.

Table 1 shows the percentage of paintings with selected foods. The researchers discussed several findings. First, some paintings from these countries included foods the researchers had expected. Shellfish were most common in the Netherlands' (Dutch) paintings, which was anticipated as nearly half of its border touches the sea. Second, some paintings did not
15　include foods the researchers had expected. Shellfish and fish each appeared in less than 12% of the paintings from the United States, France, and Italy although large portions of these countries border oceans or seas. Chicken, a common food, seldom appeared in the paintings. Third, some paintings included foods the researchers had not expected. For example, among German paintings, 20% of them included shellfish although only 6% of the country
20　touches the sea. Also, lemons were most common in paintings from the Netherlands, even though they do not grow there naturally.

Comparing these results with previous research, the researchers concluded that food art does not necessarily portray actual life. The researchers offered some explanations for this. One explanation is that artists painted some foods to express their interest in the
25　larger world. Another is that painters wanted to show their technique by painting more challenging foods. For example, the complexity of a lemon's surface and interior might explain its popularity, especially among Dutch artists. As other interpretations are possible, it is necessary to examine the paintings from different perspectives. These are the period in

which the paintings were completed and the cultural associations of foods. Both issues will
30 be taken up in the following sections.

Table 1

The Frequency of Selected Foods Shown in Paintings by Percentage

Item	USA	France	Germany	Italy	The Netherlands
Apples	41.67	35.29	25.00	36.00	8.11
Bread	29.17	29.41	40.00	40.00	62.16
Cheese	12.50	5.88	5.00	24.00	13.51
Chiken	0.00	0.00	0.00	4.00	2.70
Fish	0.00	11.76	10.00	4.00	13.51
Lemons	29.17	20.59	30.00	16.00	51.35
Onions	0.00	0.00	5.00	20.00	0.00
Shellfish	4.17	11.11	20.00	4.00	56.76

□ **1** 次の文の空所に入る最も適切なものを下から選びなさい。 ( )

For the category "Apples" in this research, a painting with two whole apples and one apple cut in half could be labeled as (   ).

ア 0   イ 1   ウ 2   エ 3

□ **2** Table 1 の内容として最も適切なものを下から選びなさい。 ( )

ア The paintings from France included apples at a lower percentage than the German ones.

イ The paintings from France included cheese at a higher percentage than the Dutch ones.

ウ The paintings from Italy included bread at a lower percentage than the American ones.

エ The paintings from Italy included onions at a higher percentage than the German ones.

□ **3** 本文の内容に合うものを下から選びなさい。 ( )

ア Foods in paintings can demonstrate the painter's knowledge of history.

イ Foods in paintings can display the painters' desire to stay in their countries.

ウ Foods in paintings can indicate the painter's artistic skills and abilities.

エ Foods in paintings can reflect the painters' love of their local foods.

重要語句 □ illustrate   □ presence   □ absence   □ calculate   □ anticipate
□ portion   □ complexity   □ interpretation   □ perspective

解答▶別冊P.15

📎 POINTS

進化論的な時間の規模で言うなら，つい最近の百万年足らず前までは陸に住んでいた白熊。彼らの知られざる生態について読んでみよう。

On the evolutionary time scale, the polar bear has only very recently become a part-time marine mammal; only a scant million years ago, its ancestors were land dwellers. The polar bear and land-dwelling brown bear are so closely related that in captivity they can interbreed. But thousands of years of hunting on the pack ice and in the sea have changed the polar bear.

5　Adapted for a life in which swimming plays an important role, it has a smaller head, a longer neck, and a more slender and streamlined torso than the brown bear. (1)The polar bear also displays a "Roman nose" profile that cuts through the water with a minimum of resistance, while the brown bear's face is markedly dished in.

Polar bears venture hundreds of miles out to sea, but most commonly they frequent

10　regions that offer a mixture of land, ice, and open water. They give birth to their young on land; they hunt for seals, the staple of their diet, out on the drifting floes of ice.

To catch a wary, fast-swimming seal, a polar bear relies upon stealth rather than speed. When it spots a seal dozing in the sun on an ice floe, the bear moves downwind and begins a slow cautious approach. The seal may periodically wake up to make a quick check of its

15　surroundings; (2)the bear freezes motionless until the prey closes its eyes again. If the final approach must be made through water, (3)the bear quietly eases itself in, hind feet first, and swims just beneath the surface. Occasionally it raises its head just above the water to breathe and to measure the remaining distance. Upon reaching the seal's patch of ice, the bear clambers out of the water and crushes the skull of its victim with a blow of its massive

20　forepaw.

When seals are unavailable, polar bears consume anything edible: fishes, seabirds and their eggs, lemmings, plants, carrion. A dead whale washed ashore is a (4)bonanza that attracts polar bears from many miles around.

(注)　floe　（海に浮いている）氷原；浮氷　　lemming　レミング（極地付近に住む小動物）
carrion　腐肉

〔近畿大〕

□　**1**　下線部(1)の内容の要約として最も適切なものを，下から選びなさい。　（　　　）

ア　The polar bear can dive into the water well because it has a nose like a Roman's.

イ　The polar bear can come up to the water surface easily because of its high bridged nose.

ウ　The polar bear can swim fast thanks to the shape of its head which, if seen from the side, looks like a Roman nose.

エ　The polar bear is at the mercy of the water though its nose is like a Roman's.

□　**2**　下線部(2)の意味として最も適切なものを，下から選びなさい。　（　　　）

ア　the bear gets frozen because it does not move

イ　the bear keeps quiet on the ice

ウ　the bear moves carefully without being noticed

エ　the bear stays there without moving

□　**3**　下線部(3)の意味として最も適切なものを，下から選びなさい。　（　　　）

ア　白熊は静かに体を伸ばす　　　イ　白熊は静かに楽な姿勢をとる

ウ　白熊は静かに水の中に入る　　エ　白熊はひそかに攻撃できる姿勢をとる

□　**4**　下線部(4)の意味として最も適切なものを，下から選びなさい。　（　　　）

ア　a huge animal　　イ　a wonderful food　　ウ　a stinking body　　エ　a bad smell

□　**5**　本文の内容と一致するものを下から２つ選びなさい。　（　　　）（　　　）

ア　Though the polar bear and brown bear are close relatives, they do not crossbreed in natural circumstances.

イ　Polar bears are usually identical to brown bears in shape.

ウ　Polar bears' most common food seems to be a dead whale.

エ　It is generally said polar bears prefer living in the water to living on the land.

オ　A polar bear kills a seal by biting the head of its prey fiercely.

カ　The ancestor of the polar bear lived in the sea nearly a million years ago.

キ　When a polar bear hunts for a seal, it employs special tactics in order not to be noticed by the seal.

重要語句　□ evolutionary　　□ mammal　　□ scant　　□ ancestor　　□ captivity
□ display　　□ frequént(v.)〈アクセント注意〉　　□ stealth　　□ periodically　　□ freeze
□ breathe[bríːð]〈発音注意〉　　□ massive　　□ unavailable　　□ bonanza

解答▶別冊P.17

🖉 POINTS

新聞の使命は，事実を読みやすく読者に伝えることである。そのために記者は工夫するが，読者はその記事をどう読めばよいのだろうか。

"Nothing is staler than yesterday's news" is an old saying, perhaps, but one that contains a great deal of truth. Even a newspaper reporter will usually admit that his/her writing is essentially temporary. Except for an occasional prize-winning story, a news story is read for the facts it contains on a certain day. By the next day the facts have changed, and the

5 original story has lost its relation to them. So a reporter's or an editor's prime concern is to present facts in the most clear, concise, and readable fashion possible (1)without much of an eye to literary merit. The AP, for instance, at one time had a standing rule that no story could contain more than an average of nineteen words per sentence; that no paragraph could contain more than three sentences; that, in general, all poly-syllabic words (2)were to be

10 avoided when a monosyllable would express the sense as well. As a matter of fact, almost all newspapers, with one or two notable exceptions, are written (3)with a sixth-grade readership level in mind. All of this is not calculated as an affront to the intelligence of the reader, but simply as the newspapers' (4)way of meeting an existing demand. Since a newspaper, by its very nature, is doomed to be read in a scanning, hasty way, it is written to accommodate such

15 a reading.

Since the newspapers are trying to accommodate you, take thorough advantage of the journalistic style. Scan the headlines to pick out the articles that interest you most. Then, when you read the articles themselves, keep the inverted-pyramid style of presentation in mind, and (5)adjust your reading rate accordingly. Inverted-pyramid style simply means

20 that all the important facts will be presented in the first paragraph or two, and that each succeeding paragraph will be of progressively less importance. The inverted-pyramid is a style peculiar to newspapers and stems from the fact that a reporter writing for a news service has no idea where the various editors will cut his/her story to fit their papers. Thus, he/she writes his/her stories so that no matter how much is cut off the bottom of the

25 column, the facts will still be there and will still make sense.

（注）　AP　米国連合通信社

〔関学大〕

□ **1** 下線部(1)～(5)の日本語訳として最も適切なものを，それぞれ下から選びなさい。

(1) without much of an eye   (   )

　ア　監視するほどのこともなく　　イ　たいした眼識もなく

　ウ　さほど留意することもなく　　エ　さして観察もせず

(2) were to be avoided   (   )

　ア　避けるつもりだ　　イ　避ける予定だ　　ウ　避けられた　　エ　避けるべきだ

(3) with a sixth-grade readership level in mind   (   )

　ア　読者を6つの階層に分類することを考えて

　イ　読書能力が最も低い読者だと心得て

　ウ　6段階くらいの読書能力を頭において

　エ　6年生程度の読解力を念頭において

(4) way of meeting   (   )

　ア　こたえる手段　　イ　出会う方法　　ウ　対抗の仕方　　エ　連絡の仕方

(5) adjust your reading rate accordingly   (   )

　ア　それによって自分の読解力の評価をする

　イ　それに従って自分の読書能力を決定する

　ウ　それに応じて自分がどの程度読むかを調整する

　エ　自分の読書力がそれ相応のものだと納得する

□ **2** 次の各語を(　　)内の指示に従って書きかえなさい。

(1) avoid（名詞形）　　　_____

(2) calculate（名詞形）　_____

(3) advantage（形容詞形）_____

(4) sense（形容詞形を4つ）_____

□ **3** ニュース記事の構成が逆ピラミッド型になった理由を70字以内（句読点を含む）の日本語でまとめなさい。

_____

_____

_____

重要語句　□ stale　　□ temporary　　□ concern　　□ literary merit
□ poly-syllabic　　□ notable　　□ be doomed to ~　　□ accommodate
□ take thorough[θə́ːrə] advantage of ~　　□ inverted-pyramid style

解答 ▶ 別冊P.18

コモドドラゴンは非常に危険であるが，現地の人たちとは共存関係にあるという。コモドドラゴンと現地の人たちとの関係は…？

Indonesia's Komodo National Park is hardly your typical tourist destination. The place is remote, scorching hot and dry as a bone. Yet here be dragons. Hundreds of cold-blooded reptiles that can run faster than humans and tackle massive water buffalo live here — and nowhere else in the wild. Resting and storing energy during the long, hot afternoons, the
5　dragons are formidable hunters; they can grow to over 3 meters long, and can （ 1 ） more than 90 kilograms. They can smell fresh blood as far as 8 kilometers away, （ 2 ） how the wind is blowing.

　Komodo Park is clearly not the safest place to live. The lizards can kill humans just by one poisonous bite. Yet people live there. In the coastal village of Kampung Komodo, Buginese
10　fishermen have managed to coexist with the 1,200 dragons that dominate the island. They build their homes on raised platforms, so the dragons cannot enter. In the evenings, when the dragons are most active, people take care not to go beyond the glow of outdoor lamps. As a rule, red clothing is avoided, since it can be mistaken for blood. (1)Still, most villagers would insist that the dragons have done more good than harm by bringing outsiders and
15　their money to the distant island. The Bugis add to their fishing income by selling wood carvings of the dragons to visitors. "The lizards live here, and we have our families, so we must share", says Komodo native Kadir Ahmed. "The dragons are our friends".

　It is (2)a symbiotic relationship. The dragons bring tourists, whose cash brings vital income to the locals. The locals, mostly Muslim Bugis, do not eat pigs, the dragons' favorite food.
20　But in order to leave the dragons with lots of food, they have even changed their hunting laws, marking it illegal to hunt water buffalo and deer.

（注）　dragon コモドドラゴン　　reptile 爬虫類　　water buffalo 水牛　　lizard 大型トカゲ　　〔慶応義塾大〕

□ **1**　（　1　）に入る最も適切なものを下から選びなさい。　　　　　　　（　　　）

ア　be weighed　　イ　have weighed　　ウ　weigh　　エ　weight

□ **2**　（　2　）に入る最も適切なものを下から選びなさい。　　　　　　　（　　　）

ア　according for　　イ　depending on　　ウ　exactly to　　エ　in spite of

□ **3**　下線部(1)の意味に最も近い意味になるものを下から選びなさい。　　（　　　）

ア　Even,　　イ　In addition,　　ウ　While,　　エ　Yet,

□ **4**　コモドドラゴンが夜に最も活動的になる理由として最も適当なものを下から選び
なさい。

ア　That is the time when people usually walk outside the village.　　（　　　）

イ　They have been absorbing energy during the hot afternoons.

ウ　That is when the water buffalo are most tired.

エ　They are attracted to the villager's red clothing, mistaking it for blood.

□ **5**　下線部(2)の意味として最も適切なものを下から選びなさい。　　　　（　　　）

ア　A natural harmony between mutually friendly species.

イ　A simple partnership in which both sides compete for resources.

ウ　A formal agreement to share resources for the common good.

エ　A give-and-take arrangement: each side gets some benefit from the other.

□ **6**　次の各語を（　　　）内の指示に従って書きかえなさい。

(1)　destination（動詞形）　_____

(2)　store (v.)（名詞形）　_____

(3)　coexist（名詞形）　_____

(4)　dominate（形容詞形）　_____

(5)　insist（名詞形）　_____

(6)　vital（名詞形）　_____

重要語句　□ scorching　　□ dry as a bone　　□ cold-blooded　　□ massive
□ formidable　　□ glow　　□ be mistaken for　　□ carving　　□ symbiotic relationship

解答▶別冊P.20

✎ POINTS

東洋と西洋はどうやら社会的に大きく異なるらしい。いったいどのような違いがあるのだろうか，それぞれの特徴を読み取っていこう。

Why should Asian families be such powerful agents of influence? Here I need to step back a bit and note some very great differences between Asian and Western societies. Asians are much more inter-dependent and collectivist than Westerners, who are much more independent and individualist. These East-West differences go back at least twenty-five-
5 hundred years to the time of Confucius and the ancient Greeks.

Confucius emphasized strict observance of proper role relations as the foundation of society, the relations being primarily those of emperor to subject, husband to wife, parent to child, elder brother to younger brother, and friend to friend. Chinese society, which was the prototype of all East Asian societies, was an agricultural one. In these societies, especially
10 those that depend on irrigation, farmers need to cooperate with one another because cooperation is essential to economic activity. Such societies also tend to be very hierarchical, with a tradition of power flowing from the top to the bottom. Social bonds and constraints are strong. The most important part of Chinese society in particular is the extended family unit. Obedience to the will of the elders was, and to a substantial degree still is, an important bond
15 linking people to one another.

This traditional role of the family is still a powerful factor in the relations of second- and even third-generation Asian Americans and their parents. I have had Asian American students tell me that they would like to go into psychology or philosophy but that it is not possible because their parents want them to be a doctor or an engineer. For my European
20 American students, their parents' preferences for their occupations are about as relevant to them as their parents' taste in art.

The Greek tradition gave rise to a fundamentally new type of social relations. The economy of Greece was based not on large-scale agriculture but on trade, hunting, fishing, herding, piracy, and small agribusiness enterprises such as wine making and olive oil production.
25 None of these activities required close, formalized relations among people. The Greeks, as a consequence, were independent and had the luxury of being able to act without being bound so much by social constraints. They had a lot of freedom to express their talents and satisfy their wants. The individual personality was highly valued and considered a proper object of

commentary and study. Roman society continued the independent, individualistic tradition
30 of the Greeks, and after a long period in which the European peasant was probably little
more individualist than his Chinese counterpart, the Renaissance and then the Industrial
Revolution took up again the individualist strain of Western culture and even accelerated it.

〔早稲田大〕

□ **1**　本文の内容と一致するものを下から２つ選びなさい。　　　　　　（　　　）（　　　　）

ア　It is said that the Greeks generally prefer to do things together with other people.

イ　For the most part Westerners rely on others and fail to act on their own.

ウ　China was a farming society whose members found it necessary to help one another.

エ　In ancient Greece the people of advanced age were usually disregarded and neglected.

オ　Asian societies rarely tended to stress fairness and economic equality.

カ　The societies of Greece and Rome had similar views concerning the individual.

キ　Asian Americans do not follow the traditional customs of strong family ties.

ク　The foundation of Greek society is quite similar in many ways to that of China.

□ **2**　本文の内容と一致しないものを下から選びなさい。　　　　　　　　　　（　　　　）

ア　In East Asia farmers seldom had to worry about an adequate supply of water.

イ　Individualism has been a prominent feature in the societies of the West.

ウ　The Greeks were never totally restrained by the pressures and controls of society.

エ　In East Asia personal decisions often depend on the wishes and desires of parents.

オ　The foundations of Greek society and Chinese society were fundamentally different.

□ **3**　中国社会に対する見解として最も適切なものを下から選びなさい。　　（　　　　）

ア　individualistic, agricultural, and traditional　　イ　collectivist, hierarchical, and familial

ウ　interdependent, flexible, and influential　　　エ　cultural, independent, and constrained

オ　restrained, flexible, and proud

□ **4**　本文の主旨として最も適切なものを選びなさい。　　　　　　　　　　（　　　　）

ア　Hunters and gatherers tend to be much more independent than traditional farmers.

イ　Europeans find it easier than Chinese to adapt to unfamiliar and contrasting societies.

ウ　Asian Americans will become more and more Asian as time slowly progress.

エ　Ancient differences between countries will gradually become more meaningless.

オ　Cultural differences between East and West are closely related to historical factors.

重要語句　□ inter-dependent　　□ collectivist　　□ Confucius　　□ observance
□ irrigation　　□ hierarchical　　□ constraint　　□ obedience　　□ bond
□ agribusiness　　□ counterpart　　□ strain

14 ある国語教師の実践が証明した音読の効用

語数　527語
目標　3分30秒

POINTS

illiteracy「読み書きができないこと」という言葉がある。この illiteracy の問題に取り組んだある国語教師の実践記録である。

Melanie Gallo is a high school English teacher who believes that reading aloud may be the answer to America's problem with illiteracy. And she is one teacher who takes the read aloud model not only to heart, but to the classroom. She says, "As a nation, we are frustrated with literacy. Kids don't read anymore. One of the solutions is simple and cheap. Read aloud.

5 (1)Everyone likes to be read to."

During the past twenty years in which Gallo has taught English to seniors at Fitchburg High School, she has seen a change in the city and in its students. As Fitchburg has become more urban, the students have become less literate, more dependent upon television and videos for their information.

10 "I was finding children of poor reading ability, who weren't particularly involved in school and who had none of that wealth of childhood connection with words and language. So out of that was born my idea of a children's literature class."

Gallo's children's literature class was developed as an elective course for her seniors in a program based on child development. The class read good children's literature — (2)her

15 students were assigned ten children's books a week to read. But reading to themselves wasn't enough.

"I decided to give them reading partners," Gallo says. "A lot of my lower-ability kids didn't come to school very much, and I thought (3)that would improve if I gave them a partner and made them responsible to someone else. I went to the local kindergarten and I said to them,

20 'Would you like high school students to come down and read to the children?'" Needless to say, they said yes.

So at first once a week, and later due to the popularity of the program, three times a week, seniors would march down to the kindergarten and read to a three-, four-, or five-year-old reading partner.

25 "The relationship between my students and their reading partners was something I hadn't planned. We had tried to match up the children with the seniors in a way that met their needs. But (4)I hadn't realized that such a special friendship would develop between the pairs." At the end-of-semester party, the kindergarten teacher and Gallo were both in tears

watching seniors from the football team giving their little reading partners parting gifts.

30　　Gallo feels the reading aloud partnership accomplished a dual goal: the younger children got started on the path of literacy from an early age and had role models for reading; and the seniors got to practice reading and began to understand in a real-world way the important role that reading aloud has on young children. (5)<u>That lesson</u>, according to Gallo, is perhaps the single most important thing she has given her students.

35　　"If that's the only thing that they learned, I have done what I wanted to do. These were the kids who didn't have that as a background and weren't going to (6)<u>do that with their children</u>. I feel strongly enough to say that I think it ought to be a required course in every high school in the country. We know that it is the most effective way to improve literacy."

〔北海道大〕

□　**1**　下線部(1)を和訳しなさい。
_____

□　**2**　下線部(2)を和訳しなさい。
_____

□　**3**　下線部(3)の内容を日本語で具体的に説明しなさい。
_____

□　**4**　下線部(4)を和訳しなさい。
_____

□　**5**　下線部(5)の具体的な内容を下から選びなさい。　　　　　　　（　　　）
　　ア　幼い子どもたちがお手本を見て実際に本を読むことができるようになったこと
　　イ　幼い子どもたちと一緒に遊ぶ授業がどんなに楽しいか実際に知ったこと
　　ウ　幼い子どもたちに本を読み聞かせることがどんなに大切かを体験したこと
　　エ　幼い子どもたち用の本を学ぶ授業では実地の調査がどんなに重要かわかったこと

□　**6**　下線部(6)を，"that"の内容が明らかになるように和訳しなさい。
_____

重要語句　□ illiteracy　　□ frustrate　　□ senior　　□ urban　　□ elective course
□ due to ～　　□ march down to ～　　□ semester　　□ dual goal　　□ required course

POINTS　　解答▶別冊P.23

核家族化の加速に伴い，共働きの家庭が増えつつある現代，家事も仕事同様に完全に夫婦が平等に分担していくのが当然であろう。

My wife and I share most housework fairly equally, although we do not do the same tasks all the time. There are only a few jobs that only one of us does, and the rest are thought (1) as common obligations. (1)This situation evolved naturally rather than being the result of some conscious design. The sharing of housework is the direct counterpart of our
5 both having careers and contributing (2) the income of the household. If either of us, (3) some reason, stopped working outside the home, the division of responsibility would certainly change.

Since I began doing housework (4) an equal basis, what has struck me is how easy it is. I do not mean that all of housework itself is easy; I mean that to take over tasks
10 conventionally regarded as "women's work" was not as difficult a personal experience as I had expected. Much of the activity, literature, and rhetoric of the feminist movement over the past decade has focused on the difficulties women encounter — both inside themselves and in the world around them — in assuming roles ordinarily performed by men. "Consciousness-raising" is aimed at least as much at overcoming women's own resistance
15 to being "liberated" as at coping (5) the hostile reactions of husbands, other men, and other women. (2)I expected, then, that I would not only encounter curious, if not scornful, attention from other people, but that I would have difficulty personally adjusting to doing housework. This expectation was all the greater because I came from a home in which my father never did any housework, and I had never been obliged to do any either. With all the
20 emphasis (6) "role models" and the supposedly dreadful impact of the schooling of the sexes in sex-separated jobs, I should have undergone some sort of emotional shock in starting activities for which I had not been trained at all.

I was quite surprised, then, when not only did I (A) receive so much as a lifted eyebrow when wheeling a baby carriage down the middle of my street, but I found myself
25 enjoying these new tasks far more than I had expected. (B) that I enjoy every aspect of child care, cooking, and cleaning. A few things about child care are unpleasant, such as having to wake up at five in the morning when a little girl wants to play or taking care of a baby who can only cry because she can't tell you that her head hurts or she has a fever. But

the whole experience made me curious about the experiences of other men who were taking
30 over housework as I had done. I wondered how they felt about it, whether they found it as
much of an adventure as I did, if they learned about themselves as much as I had.

〔神戸大〕

□　**1**　本文中の空所（　1　）〜（　6　）に適切な前置詞を入れなさい。
(1)(　　　　)　(2)(　　　　)　(3)(　　　　)　(4)(　　　　)　(5)(　　　　)　(6)(　　　　)

□　**2**　下線部(1), (2)を和訳しなさい。
(1) _____
(2) _____

□　**3**　空所（　A　）と（　B　）に共通する1語を小文字で始めて入れなさい。
（　　　　　　）

□　**4**　次の各語の最も強いアクセントのある音節を番号で答えなさい。
(1) counter-part (　　　)　(2) re-spon-si-bil-i-ty (　　　)　(3) fem-i-nist (　　　)
　　　　1　　　　2　　　　　　　　　　　1　　2　　3　4 5 6　　　　　　　　　　　1　 2　 3
(4) re-sis-tance (　　　)　(5) un-der-gone (　　　)　(6) un-pleas-ant (　　　)
　　　1　 2　　3　　　　　　　　　　　　1　 2　　3　　　　　　　　　　　　　1　　2　　3

□　**5**　本文の内容と一致するものを下から2つ選びなさい。　　　　（　　　）（　　　）
ア　妻と私はたいていの家事を分担しているが, これは私が希望したというよりは妻の要請
　　により, 仕方なく引き受けたためである。
イ　平等に家事をするつもりでいざやってみると, 「女の仕事」とずっと考えられてきた家事
　　は意外につらくはなかった。
ウ　私は父が一切家事をしない家庭に育ったため, 経験したことのない家事をするにあたり,
　　大いなる感情的な動揺にさいなまれた。
エ　現代の学校教育は性によって分けられた仕事をするように教えているが, これは男女平
　　等の基本的人権という見地からも, 望ましいことである。
オ　私は子どもの世話や料理を自分でも驚くほど楽しみながらやっているが, 子どもの世話
　　をしていて, 楽しめない状況も時には生じる。
カ　私は妻と家事を分担することにより, 新しい夫婦の姿を見出した。この理想的な夫婦の
　　姿をほかの夫婦たちにもぜひ実践してもらいたいし, できる限りの助言もするつもりだ。

重要語句　□ counterpart　　□ conventionally　　□ literature　　□ rhetoric
□ decade　　□ assume　　□ hostile　　□ adjust to 〜　　□ dreadful
□ eyebrow[áibràu]〈発音注意〉

🖉 POINTS

心に傷を負った人は，どうやって和らげればよいのだろうか。検証する実験が行われたが，どのようなことが
わかったのだろうか…？

All of us will experience unpleasant and traumatic events during our lives: perhaps the break-up of a long-term relationship, the death of a loved one, getting fired, or, on a really bad day, all three.　Both common sense and many types of psychotherapy suggest that the best way is to share your pain with others.　Those who adopt this approach — (a)'a problem shared is a problem lessened' — believe that expressing your feelings helps you release negative emotions and move forward.　It is a nice idea and one that holds tremendous intuitive appeal.　Indeed, surveys show that 90 per cent of the public believe that talking to someone else about a traumatic experience will help ease their pain.　But is that really the case?

To investigate, researchers in Belgium carried out an important study.　A group of participants were asked to select a ⬚1⬚ experience from their past.　To make the study as realistic as possible, participants were asked to avoid the ⬚2⬚ stuff, like missing a train or not being able to find a parking space, and think instead about 'the most negative upsetting emotional event in their life, one they still thought about and still needed to talk about'.　From death to divorce and from illness to abuse, the issues were serious.　One group of participants were then asked to have a long chat with a supportive experimenter about the event, while a second group were invited to chat about a far more ⬚3⬚ topic — a typical day in their life.　After one week, and then again after two months, everyone went back to the lab and completed various questionnaires that measured their emotional well-being.

Participants who (　A　) their traumatic event thought that the chat had been helpful.　However, the various questionnaires told (b)a very different story.　In reality, the chat had had no significant impact at all.　Participants thought that it was good to share their negative emotional experiences, but in terms of the difference it made on how well they were coping, they might just ⬚B⬚ about a typical day.

So, if talking about negative experiences to a sympathetic but untrained individual is a waste of time, what can be done to help ease the pain of the past?　Trying to suppress negative thoughts can be just as bad.　Instead, one option involves 'expressive writing'.

In several studies, participants who have experienced a traumatic event have been encouraged to spend just a few minutes each day writing in a diary about their deepest thoughts and feelings about it, including how it had affected both their personal and
30 professional lives. Although these types of exercises were both speedy and simple, the results revealed that participants experienced a remarkable boost in their psychological and physical ⬚4⬚, including a reduction in health problems and an increase in self-esteem and happiness. The results left psychologists with something of a mystery. Why would talking about a traumatic experience have almost no effect, but writing about it yield such significant
35 benefits?

From a psychological perspective, talking and writing are very different. Talking can often be somewhat unstructured, disorganized, even chaotic. In contrast, writing encourages the creation of a story line and structure that help people make sense of what has happened and work towards ⬚5⬚. In short, talking can add to a sense of confusion while writing provides
40 a more systematic and solution-based approach.

(注) traumatic 心に傷を残すような   psychotherapy 精神療法   questionnaire アンケート   〔法政大〕

□ **1**　下線部(a)の意味に最も近いものを下から選びなさい。　　　　　　　　　　　　（　　　）
　ア　Solving a difficult problem with someone else will reduce the amount of time it takes.
　イ　If you tell your problems to someone, it will make you feel better than before.
　ウ　Making a lot of new friends will make you feel happy.
　エ　Sharing your problems with someone may double your burden.

□ **2**　空所⬚1⬚～⬚5⬚に入る最も適切なものをそれぞれ下から選びなさい。
1	ア	different	イ	negative	ウ	boring	エ	realistic	（　　）
2	ア	trivial	イ	unrealistic	ウ	unhappy	エ	happy	（　　）
3	ア	ordinary	イ	fantastic	ウ	special	エ	shocking	（　　）
4	ア	complexity	イ	damage	ウ	well-being	エ	exercise	（　　）
5	ア	a solution	イ	publication	ウ	a story	エ	chaos	（　　）

□ 3 空所（　A　）に入る最も適切なものを下から選びなさい。　　　　　　　（　　）

ア　have spent time talking about

イ　have been spent time talking about

ウ　have had spent time talking about

エ　had spent time talking about

□ 4 下線部(b)の意味に最も近いものを下から選びなさい。　　　　　　　　（　　）

ア　By sharing their shocking experiences with others the participants were able to feel more assured.

イ　Telling their sad experiences to others made the listeners feel depressed.

ウ　Sharing their experiences did not significantly lessen the participants' negative feelings.

エ　Talking about daily topics to others was as effective remedy for anxiety.

□ 5 文脈に合うように　B　に次のア～オの語を並べかえて入れるとき，最初から2番目と4番目に入る語を示しなさい。　　　　2番目（　　）　4番目（　　）

ア　well　　イ　chatting　　ウ　have　　エ　been　　オ　as

□ 6 本文の内容と一致するものを次のア～エから選びなさい。　　　　　　　（　　）

ア　According to recent research, sharing an upsetting experience of yours with someone else helps you forget about it.

イ　The results of the experiment revealed that what participants talked about had a big impact on their ultimate happiness.

ウ　When you have had a bad day, not telling anybody about it is the best way to reduce your negative feelings.

エ　Writing about a terrible experience you had is better for your mental and physical health than talking about it.

重要語句　□ common sense　　□ approach　　□ intuitive appeal　　□ ease
□ participant　　□ upsetting　　□ abuse　　□ supportive　　□ well-being
□ in terms of　　□ sympathetic　　□ suppress　　□ boost　　□ self-esteem
□ work towards ～

POINTS

将来実業家になることを夢見て大学生活を始める息子に，さまざまな助言や指針を綴った父親の手紙。親心が行間から伝わる。

Dear Son:

Most people think of education as having only to do with school. Well, that is a good place to *start*. In your case, your high school has a (1)particularly good record for (2)turning out fine students, and I expect (3)one reason for its success as such an excellent school is the

5 emphasis it places on discipline. Of course, lots of good men and women make it without ever having attended this type of school — but the main reason is still the same: discipline. In this case, mostly *self*-discipline. That is the key ingredient that separates those who make it from those who do not. But a good school and a good mixture of people to enjoy it with is certainly an (4)advantageous start. Combine these somewhat uncontrollable external forces

10 with some good internal characteristics and it becomes pretty hard to keep a determined fellow down.

Within the (5)framework of your formal schooling it is important for you to bring an element of inquisitiveness to the classroom. A *desire* to learn makes the act of studying and learning a delight. Too many of your fellow students are too busy complaining about the

15 teachers and *the system* to tend to their studies, which, after all, are the (6)primary reason for being in school. The system has not changed in the thirty years since I was in college and it probably won't alter much over the next thirty years (along with most of the educators).

I (7)applaud your desire to enter the business world. To a young fellow, it looks quite rosy: big car, travel, meals in the best restaurants. Well, it *is* a good life *if* — and it is a *big* "if"

20 — you find your own place in it, for the business world is very large and very complex. It is also a world full of bankruptcies and of people who die early due to its stress. To be as prepared as possible for avoiding some of these and the many other (8)pitfalls that business presents daily, map out your next ten years of training *now*.

In the selection of your courses, do not be too (9)eager to pick only those that solely relate

25 to business. A person with a little worldly knowledge is as valuable as he is rare. There are countless subjects to choose from that will give you a wider (10)perspective of this world and make you a better businessman one day — Political Science, History, Geology, Astronomy — to mention but a few.

I am fully convinced that everything in the world is good for something. I would
30 recommend you to take one new subject every year that will give you a wider perspective,
a new or different outlook on life. You never know what field of industry you might
(11)eventually become involved in or how valuable even a *little* knowledge might be once you're
winding your way through those minefields of the business world.

University education is designed to expand your brains, train you to work hard, teach you
35 how to organize your hours and days, meet many people, play sports, chase girls, drink beer,
and enjoy life. (Just don't place *too* much emphasis on the last three "subjects" since these
somehow seem to get an (12)ample share of one's days and nights with very little expenditure
of hard work or effort.)

(注) make it：succeed　　inquisitiveness：the spirit of inquiry　　minefield(s)　地雷敷設区域，地雷原　　〔学習院大〕

□　**1**　　**本文で筆者が言っていないものを次のア〜チから５つ選びなさい。**

(　　) (　　) (　　) (　　) (　　)

ア　教育といえば，学校教育のことしか考えない人が多い。

イ　真の勉強は学校を卒業して社会に出た時から始まる。

ウ　君の高校はりっぱな卒業生を送り出して来た。

エ　君の高校の特徴は詰め込み教育をしないことだ。

オ　人生で成功するか否かは，その人が自己を律する力を持っているか否かにかかっている。

カ　人生で成功する秘訣は，適切な判断力と決断力にある。

キ　りっぱな学校に通い，その恩恵を共にする仲間と交わることは，人生のよい出発点となる。

ク　学校の制度や先生に不満を抱き，そのために勉強に身が入らない生徒が多すぎる。

ケ　学校の制度は今後30年間にはあまり変わることはないだろう。

コ　君は実業界に入りたいという望みを抱いているようだが，将来のことを決めるのはまだ
　早すぎる。

サ　実業界には多くの落とし穴もあるし，失敗もあるし，緊張にたえられない人もいる。

シ　あまり専門にばかりかたよった科目の選択をしないほうがよい。

ス　学生時代には専門分野の知識をしっかりと身につけることが第一だ。

セ　どんなことでも，この世で何かの役に立たないものはない。

ソ　実業界に入り，自分の道を進んで行くにあたって，学校で学んだちょっとした知識でも，
　ずいぶん役に立つものだ。

タ　実業界という所は地雷原にたとえうるほどの厳しい世界だ。

チ　時間の自己管理法を教えることは大学教育の目的の１つである。

□ **2** 　下線部(1), (2)および(4)～(12)の語の，本文で使われている意味に最も近いものを，
それぞれ次から選びなさい。

(1) particularly 　　　　　　　　　　　　　　　　　　　　　　　　　（　　　）
　ア　certainly　　　　　イ　especially　　　　ウ　peculiarly　　　　エ　relatively

(2) turning out 　　　　　　　　　　　　　　　　　　　　　　　　　（　　　）
　ア　inducing　　　　　イ　producing　　　　ウ　reducing　　　　エ　introducing

(4) advantageous 　　　　　　　　　　　　　　　　　　　　　　　　（　　　）
　ア　adventurous　　　イ　ambitious　　　　ウ　beneficial　　　　エ　enviable

(5) framework 　　　　　　　　　　　　　　　　　　　　　　　　　（　　　）
　ア　mixture　　　　　イ　structure　　　　ウ　moisture　　　　エ　tenure

(6) primary 　　　　　　　　　　　　　　　　　　　　　　　　　　（　　　）
　ア　main　　　　　　イ　ordinary　　　　ウ　practical　　　　エ　sufficient

(7) applaud 　　　　　　　　　　　　　　　　　　　　　　　　　　（　　　）
　ア　apprehend　　　　イ　approve of　　　ウ　expect　　　　　エ　object to

(8) pitfalls 　　　　　　　　　　　　　　　　　　　　　　　　　　（　　　）
　ア　unexpected gifts　　　　　　　　イ　unexpected guests
　ウ　unexpected happiness　　　　　エ　unexpected difficulties

(9) eager 　　　　　　　　　　　　　　　　　　　　　　　　　　　（　　　）
　ア　anxious　　　　　イ　worried　　　　ウ　reluctant　　　　エ　hesitant

(10) perspective 　　　　　　　　　　　　　　　　　　　　　　　　（　　　）
　ア　landscape　　　　イ　scene　　　　　ウ　speculation　　　エ　view

(11) eventually 　　　　　　　　　　　　　　　　　　　　　　　　（　　　）
　ア　accidentally　　　イ　even　　　　　ウ　fortunately　　　エ　in the end

(12) ample 　　　　　　　　　　　　　　　　　　　　　　　　　　（　　　）
　ア　scarce　　　　　　イ　scanty　　　　ウ　enough　　　　　エ　necessary

□ **3** 　下線部(3)を和訳しなさい。

(3) one reason for its success as such an excellent school is the emphasis it places on
　　discipline

_____

■重要語句■　□ place an emphasis on ～　　　□ discipline　　　□ ingredient　　　□ mixture
□ keep ～ down　　　□ tend to ＋名詞　　　□ alter　　　□ bankruptcy　　　□ pitfall
□ solely　　　□ outlook on life　　　□ become involved in ～

装丁デザイン　ブックデザイン研究所
本文デザイン　未来舎

高校　トレーニングノートβ　英語長文読解

編著者	高校教育研究会	発行所	受験研究社
発行者	岡本明剛		
印刷所	ユニックス	Ⓒ株式会社	増進堂・受験研究社

〒550-0013 大阪市西区新町2丁目19番15号
注文・不良品などについて：(06)6532-1581(代表)／本の内容について：(06)6532-1586(編集)

注意 本書を無断で複写・複製（電子化を含む）　　　　　Printed in Japan　高廣製本
して使用すると著作権法違反となります。　　　　　　落丁・乱丁本はお取り替えします。

Training Note β
トレーニングノート β

英語長文読解

解答・解説

解 答 ・ 解 説

1 列車に乗り合わせた2人のイギリス人の話題 (pp.4〜5)

解答

1 A weather　B social

2 エ

3 お互い偶然出会ったに過ぎず，せいぜい空模様を話題にすることができる程度のかかわりの段階。

4 全訳の下線部参照。

5 ウ，オ

解法のヒント

2 選択肢の訳　ア攻撃する　イ終える　ウ印象づける　エ開始する

　strike up は「（会話，交際）を始める」という意味であるからエが正解。ただし idiom はその idiom を別々に記憶するよりも，次のように例文で記憶するほうが，はるかに合理的である。

例 I struck up a conversation with a beautiful girl on the Keihan train yesterday.「きのう僕は，京阪電車の車内で美人の女の子に話しかけた」

4 「him が指すものを明示して…」という指示が仮になくとも，指示代名詞は具体的に訳すのが常識である。また生徒からよく「先生，下線部の訳は直訳がいいのですか，それとも意訳がいいのですか」という質問を受け続けてきた。それに対して私は終始一貫次のように答えてきた。「直訳だよ。日本語としても，多少幼稚でもよいから，英語の文型が採点者にちゃんと伝わる直訳がよい。ただし，例えば無生物主語の構文のように直訳では日本語として通用しない時と，『わかりやすい日本語訳に』と指示してある時は，少し意訳をするんだ」と。

5 ウは *l.*12 Language is not simply a 〜 with other people. に合致する。

　オは *l.*27 Our accent and our speech generally show 〜 we have. に合致する。

解説

　出典は，40数年前に出版された Peter Trudgill の Sociolinguistics（邦訳「社会と言語」）の Introduction の部分である。この部分は過去おびただしい数の大学で入試問題として採用されている超頻出の英文である。これだけ繰り返して出題されるのは特異な現象であるとの指摘も当然予想でき

るが，現実を直視すれば，やはりこの文は受験英語の "must" である。

*l.*1　Everyone knows what is supposed to happen 〜「だれでもどういうことが起こることになるか知っている」 be supposed to 〜 は「〜することになっている，〜だと思われている」という意味の重要頻出 idiom である。when 以下の主部は two Englishmen から before までである。

*l.*3　〜 they happen to find the subject interesting「彼らはたまたまその話題（＝天候）に興味を持つ」

$$\underset{S}{\text{they}}\ \underset{V}{\text{happen to find}}\ \underset{O}{\text{the subject}}\ \underset{C}{\text{interesting}}$$

という第5文型である。

*l.*4　analyses[ənǽləsiːz]は，analysis[ənǽləsis]の複数形。同様の変化を持つ名詞には crises「危機」（単数は crisis）。theses「卒論」（単数は thesis），oases「オアシス」（単数は oasis）などがある。

*l.*5　One explanation is that/it can often be quite embarrassing/to be alone in the company of someone you are not acquainted with/and not speak to them. この比較的長い文をさっと Sense Group ごとにスラッシュを入れて訳すとこうなる。「1つの説明は次のようなものである／それはしばしばとても気まずい思いをするものであり得る（それって何？）→／あなたが知らないだれかと一緒に2人だけでいて／そしてその人に話しかけないことが」 ※なおここで，*l.*7の them は文法的には someone を受けているから him を使うべきところである。しかしこの文の筆者は，こういう状況を日常的，恒常的に起こり得ることとして理解しているため，だれか（＝someone）を複数の概念でとらえている。

　さて長文化傾向にある現代の入試問題に対応するためには，この文で上記のような SG（Sense Group）訳による直読訳が最も有効であると思われる。「下線部を訳せ」という問い以外は直読訳により Reading の speed-up を図るべきである。

*l.*10　— and they do happen の do は「強調」を表す助動詞である。訳出する際は really や

actually, indeed の意味に相当させるとよい。

*l.*16 ～ the fact that they are talking at all 「ともかくも彼らが話しているという事実」 at all は肯定文で使うと「ともかくも，いやしくも」の訳になるので注意。

例 What is worth doing at all is worth doing well. 「とにもかくにも，やる価値のあることは，立派にやる価値がある」(諺)

*l.*23 ～ at this stage of the relationship 「交際のこの段階では」この部分は *l.*22 の at least (he can) not (ask) ～ を修飾する副詞句の働き。

🎧 ワンポイントレッスン❶ ─────
《動名詞の用法(*l.*26)》

動名詞の基本的用法についてしっかりと確認しておこう。動名詞は文中で次のような働きをする。

1 文の目的語になる。

We cannot avoid giving our listeners clues about our origins 「私たちは私たちの素姓についての手がかりを，聞き手に対して与えないわけにはいかない」

目的語として「不定詞」ではなく「動名詞」をとるのは，この avoid を含め，mind, enjoy, give up, avoid, finish, admit, put off, stop などがある。頭文字をとって "megafaps" と記憶しておくとよい。

2 文の主語や補語になる。

Seeing is believing. 「見ることは信じることである」→「百聞は一見に如かず」(諺)

3 前置詞の目的語になり，be worth ～ing などの形で用いられる。

The book is worth reading over and over again. 「その本は何度も何度もくり返し読む値打ちがある」

全訳

以前に会ったことのない2人のイギリス人が列車の客室で面と向かい合う時に，どういうことが起こることにな(ってい)るかだれでも知っている。つまり，彼らは天候について話し始める。場合によっては，このような話になるのは，ただ彼らがたまたまこの天候という話題に興味があるからかもしれない。けれども，たいていの人たちは天候の状態の分析に，取りたてて興味があるわけではない。そこで，こうしたたぐいの会話になる別の理由があるに違いない。1つの説明は，知らないだれかと一緒に2人だけでいて，その人に話しかけないことは，しばしばとても気まずい思いをするものであり得るということである。もし会話が全く行われなければ，雰囲気がかなりぎこちなくなってしまうはずである。しかしながら，天候のようななにかあたりさわりのない話題についてほかの人と話をすることによって，実際そんなに多くのことを言う必要なしに，その人との関係を始めることができるのである。列車の客室でのこうした会話は，もちろん人々が(神話のように)思い込んでいるほど頻繁ではないけれども，実際必ず起こる。それは，言葉によってしばしば果たされている重要なこの種の社会的機能を示すよい例である。言葉は天候とかそのほかの話題についての情報を伝達する手段だけではない。それは，ほかの人たちとの関係を打ち立て，その関係を維持する大変重要な手段でもある。たぶん当の2人のイギリス人の間で交わされた会話について最も重要なことは，彼らが用いている言葉ではなくて，ともかくも彼らが話しているという事実である。

また，別の説明もある。(話しかける方の人物は)一方のイギリス人が，たぶん無意識のうちに，相手についていくつかの事柄を，例えばどういう種類の仕事をしているのかとか，どんな社会的地位にいるのかということをできることならば知るようになりたいと思っていることも，全くあり得ることである。こういったたぐいの情報がなければ，まさに相手に対して自分がどのように振る舞ったらよいか自信が持てないであろう。もちろん，自分の同席の者については，着ている服の種類や目にすることができるほかのことから，賢く推測することができるが，相手の社会的背景について，直接的な質問をすることはほとんどできない。少なくとも，交際のこの段階ではできない。自分のできることは，相手を会話に引き入れることである。そうすれば，たぶんその相手についていとも簡単にいくつかの事柄を見つけるであろう。こうしたことは，相手がどんなことを言うかよりはむしろ相手の口調から，わかるであろう。というのは，私たちが話す時はいつでも，本人の素姓やどのような種類の人間であるかについての手がかりを，聞き手に与えないわけにはいかないからである。私たちの言葉のなまりや言葉づかいは，私たちがどこの地域の出身であるかとか，私たちがどんな種類の背景を持っているかを一般に表すのである。私たちは，考えや態度の幾分かを示すことさえあるし，こうした情報はすべて，話し相手が私たちについての意見を形成する手助けとなるように，彼らによって利用されることもあり得るのである。

2 価値観とコミュニケーション (pp.6〜7)

1 全訳の下線部参照。

2 (2) エ (3) イ

3 ア，カ

4 エ

解法のヒント

1 consider O C「O を C とみなす」の形が関接疑問文に組み込まれている。

2 (2)グラフから，「社会的平等」「意見の自由」の2つと同等に評価されている項目を選ぶ。 (3) put it another way「言い換えると」を選ぶ。直前の文「このような価値観の違いは，異なる背景をもつ人々とコミュニケーションをとる際に，誤解を招く原因となる」を言い換えている。judging from 〜「〜から判断すると」，when it comes to 〜「〜に関しては」，according to 〜「〜によると」他の表現は文の内容と一致しない。

3 ア「EU の人々は『平和』や『環境への敬意』のような価値観を共有しているが，国によって優先順位がある」 イ「『寛容さ』に関するギリシャの価値観は，EU の他の国々の傾向に非常に近い」 ウ「EU の人々は現在，『歴史の尊重』より『仕事に対する態度』の方が重要だと思っている」 エ「『環境への敬意』は，選ばれなかった下位の3つの価値観を合わせたものよりも数値が低い」 オ「オランダでは，60%の人々が『寛容さ』を重要な価値観とみなしているが，これは男女差が最も大きい項目であった」 カ「オランダとイギリスは『意見の自由』の点において似たような価値観を共有している」

4 質問の内容は「筆者によると，上手なコミュニケーションをとるためには何が必要か」 ア「共通の価値観に同意すること」 イ「回答者の数を考慮すること」 ウ「EU 諸国に敬意をもつこと」 エ「自分の価値観と他者の価値観について考えること」

解説

他者とコミュニケーションをとるときに注意するべきことが書かれた文で，内容としても理解しやすい。設問の難易度もそれほど高くなく，グラフや文意をしっかりくみ取っていればしっかりと解ききることができるだろう。

l.1 there are often notable differences in the values recognized by particular groups of people

recognized から後ろの部分が notable differences in the values を後置修飾している形。

l.3 この while は接続詞で「〜の一方で」

l.6 〜to choose which values they consider important

which values（O） they（S） consider（V） important（C）

consider O C「O を C だとみなす」

l.7 a majority of the respondents in the EU（S） considered（V） peace（O） important（C）

l.6 と同じ形。

l.8 This was followed by respect for the environment   この This は直前の文の内容の「回答者の 61%が『平和』を選んだこと」を指している。

l.16 Such differences 〜   第3段落で述べられている，国によって価値観が違うという様々な例を指している。

ワンポイントレッスン❷

《関係代名詞の制限〔限定〕用法と非制限〔継続〕用法(*l*.9)》
関係代名詞にはその直前に，（コンマ）を入れて補足的な説明をする，非制限用法がある（例文1参照）。また，そのコンマの有無により意味が大きく変化する場合も生じる。例文2と例文3を読み比べて意味の違いを考えてみよう。

1 This was followed by respect for the environment, which was selected by exactly half of the respondents.「これに続いたのが『環境への敬意』で，回答者のちょうど半数がこれを選んでいる」

2 There were few passengers on the train who were injured.（制限用法）「負傷した乗客はその列車には，ほとんどいなかった」

3 There were few passengers on the train, who were injured.（非制限用法）「その列車には，乗客はほとんどいなかったが，彼らは(全員)負傷した」

全訳

人はコミュニケーションをとるとき，価値観を共有していると思いこんでいる。しかし，実は，特定のグループが認識する価値観には顕著な違いがあることがよくある。欧州連合(EU)を例にとると，多くの人々がいくつ

かの共通の価値観に同意しているが，国によっては違いが見られる。

　2007年に欧州委員会が発表したレポートに，こうした共通点と相違点の明確な例が示されている。いくつかの違う国の出身の人々に，それぞれの社会で重要だと思う価値観を選んでもらった。グラフに示されているように，EUでは，回答者の過半数が「平和」を重要視している（61%）。これに続いたのが「環境への敬意」で，回答者のちょうど半数がこれを選んでいる。

　しかし，この結果を国別に比較すると，異なる事実が浮かび上がった。全体としては，「社会的平等」，「意見の自由」，「寛容さ」が同等に評価されているが，国によって違いが見られた。例えば，「意見の自由」は全ての回答者の37%が選んだが，イギリス（55%）とオランダ（52%）では他の国よりも高く評価されていた。また，「寛容さ」については，オランダでは60%の人が選択したのに対し，ギリシャでは11%にとどまるなど，最も大きな違いが見られた項目であった。

　このような価値観の違いは，異なる背景をもつ人々とコミュニケーションをとる際に，誤解を招く原因となる。言い換えれば，よりよいコミュニケーションのためには，価値観の違いを認識することが重要なのである。つまり，円滑なコミュニケーションのためには，自分自身の価値観を客観的に振り返ることが大切である。

3　臨死体験に関心を持つ医師の話　(pp.8〜9)

☑ 解答

1	ア	2	イ	3	キ
4	ア	5	ウ	6	ウ
7	エ				

☀ 解法のヒント

1　like most of my peers の like は「〜と同じように」の意である。

3　　3　の部分を正しく並べかえると，did I hear one of them speak という倒置表現になる。

4　like の様々な意味を英語で定義し，この what it was like to 〜 の like の用例を選ばせるという問題は，英英辞典を引き慣れていない受験生にとっては，やや難問と言える。What is it like?「それはどのようなものか」の like はおおよその性格，外観，概念などを尋ねる決まった idiom で使われる。

5　文章の context「前後関係」から判断して空所　5　には否定語が入る。

6　これも　4　と同じく room の英英辞典による定義問題である。この文中の room は「余地，可能性」の意味であるからアの a place を選んではいけない。ウが適切。

7　アはやや tricky であるが，イ，ウ，オは明らかに誤っている文章である。アは，第1段落の内容全体から判断して合致しない。またオは最終段落に対応しているが，「臨死体験を語る人の中に2つのタイプがある」とはどこにも書かれていない。

🔊 解説

　臨死の研究（near-death studies）という，話題性のあるテーマの長文である。私はまだ臨死の体験はしたことがないが，この筆者は，最終文で「人を喜ばせてやろうという欲求に彩られていない」（untainted by a need to please）体験談は心の内からありのままに出ると結論づけている。そして筆者は，そんな体験談を信じているのである。

l.3　〜 who have nothing to gain by making them up. の them は こ の 文 の 最 初 の（these）stories を指す代名詞である。

l.3　They demand to be investigated.「それらは調べてみる必要がある」の主語 They もやはり these stories を指す代名詞である。

l.4　When I first heard of near-death experi-

4

ences, I thought they were just 〜.「私が初めて臨死体験について聞いたとき，それらは，ただ〜にすぎないと思った」 この文の they は当然 near-death experiences である。実は今まで解説してきた them や they は（紙幅の関係で削除したが），オリジナルの入試では指示語問題として出題されていた。

l.8 　〜, I had helped patients cheat death many times.「私は患者たちが死を運よく逃れる手助けを何度もしてきた」〈S＋V＋O＋C〉の第5文型であり，cheat は原形不定詞。cheat の「だます，カンニングする」という用例は頻出であるが，この「逃れる（≒elude）」の用例も重要。

l.12 　Luckily, a shy and pretty seven-year-old girl 〜. の文頭の luckily は文修飾の副詞で It was lucky that 〜 に書き換えられる。

l.15 　While casually telling me/what it was like/to almost die and to come back, 〜.
スラッシュごとに直訳すると「私に形式ばらずに話している間に（何を？）→／それがどんなことであるかを（それって何？）→／ほとんど死にかけて再び甦（よみがえ）ることが」となる。it は直読訳ではとりあえず「それ」と訳すとよい。もう1つのポイントは almost と nearly の使い分けである。（ここでは almost は to と die の間に入っているが，almost は副詞であり，不自然ではない）この2語の根本的な違いは，almost は「（ある状態にもう少しのところで）達していないこと」，逆に nearly は「（ある状態にもう少しのところで）達しそうなこと」を強調する語である。たとえば She almost drowned. は結局助かったことに，She nearly drowned. は危うく死にかけたことに，表現の重点がある。臨死研究の本義より考えて，ここで nearly ではなく almost を使うのは正しい選択である。

⚘ワンポイントレッスン❸
《部分否定と全体否定（完全否定）(*l.4*)》
　英語の否定表現には一部だけを打ち消す「部分否定」と全部を打ち消す「完全否定」がある。また1つの文の中に否定語が2つ用いられると「－」と「－」で「＋」になり，強い肯定の表現となる。これを「二重否定」という。
　1　部分否定
　I did not always feel this way.「私はいつもこんなふうに感じていたわけではなかった」
（このほかにも，not ... all, not ... every, not ... both などは部分否定である）
　2　全体否定
　I never felt this way.「私はこんなふうに感じたことは絶対になかった」(never を用いると「全体否定」の表現になる)
　3　二重否定
　There is not a minute that I don't think of you. ≒ I'm thinking of you every minute.「いつもいつもあなたのことばかり思っています」

全訳
　なぜ私が臨死の研究にそんなに関心があるのかしばしば人に聞かれた。そのわけは，率直に言って私は臨死体験の話を信じているからである。こういう話は，それらを作り上げたからと言って何も得るところはない子どもや大人によって等しく実に美しくかつ純真に語られる。そういう話は調べてみる必要がある。
　私はいつもこのように感じていたわけではなかった。私が臨死体験について初めて聞いたとき，私はそれが薬物や酸欠によって発生する幻覚にすぎないと思っていた。私の同僚の大部分と同様に，私は臨死体験は死の恐れをやわらげることを目的とした心理的防衛機構の一種であると考えていた。
　医学校での4年間と，専門医学実習生として2年間過ごした後，私は何度も患者たちが死を運よく逃れる手助けをしてきた。しかし一度も彼らのうち一人としてあの世へのトンネルをのぼって行く話をしてくれた者はいなかった。今私は，ひょっとして私の患者の多くが臨死体験をしていたかもしれないと心から思う。探り出すのに私は充分時間をかけて彼らの話に耳を傾けなかっただけのことだ。
　幸いなことに，内気な，可愛い7歳の少女が，公共のプールで溺れかけて19分間臨床的には死の状態になったときに起こった臨死体験を生き生きと話してくれた。
　ほとんど死にかけて再び甦るのがどんなこと私に形式ばらずに〔うちとけて〕話している間に，彼女は私の顔に表れた驚きの表情に気がついたにちがいない。「モース先生，心配しなくてもいいよ。あのね，天国ってとってもおもしろいところなのよ！」
　あの話を聞いた後，私の人生はすっかり変わってしまった。私は医学には感情的なものと霊的なものとの可能性があることがよくわかる。長年臨死体験を研究してきて，私は人を喜ばせてやろうという欲求に彩られていない，この2つのものを充分聞いてきた。こうした話は心の底からありのままに出てくるものである。

☑ 解答

1	2 ク　4 ア　7 イ
2	a エ　b オ　c ア　d イ　e ウ
3	全訳の下線部(1)参照。
4	ア
5	全訳の下線部(2)参照。

💡 解法のヒント

1　動名詞 Rubbing を主語に置き，補語 a way を関係代名詞節 in which 〜 が修飾している文をつくる。communicate「〜を伝える」 Rubbing the palms (together) is a way (in) which people communicate positive expectations.

2　それぞれの文の発言者から判断する。a はテレビの司会者，b は販売員，c は接客係，d は代理業者，e は買い手。

3　The speed signals 〜. が文の骨組み。主部は The speed を先行詞とし関係代名詞節 at which 〜 が修飾する形。動詞 signals の目的語である間接疑問の they think は，挿入的に使われている。

4　直前にある He'd seem sneaky or devious がヒント。手のひらをゆっくりこすり合わせると相手ではなく自分自身の得を考えていると思われるのである。

5　a man may not be doing it が文の骨組み。not necessarily は「必ずしも〜でない」という意味の「部分否定」となる。

👤 解説

　手のひらをこすり合わせることで相手に与える印象を，人の心理になぞらえて書かれた文章である。本長文は空欄補充問題が多く出題されており，前後関係をきちんと把握した上で解いていくことが大切である。関係代名詞や間接疑問を含む長い文を和訳させる問題も出題されているが，主語と述語動詞をさがして，しっかりと文の構造を見極めて解答するとよい。

l.9　the server who 〜 で始まる 1 文は，the server is telling you that 〜. が骨組み。rubbing 〜 と asking 〜 は分詞構文で付帯状況を表す。

l.19　when describing 〜「〜を説明するときは」接続詞 when と現在分詞 describing の間に they are が省略されている。このように，主節の主語と副詞節中の主語が同じときは，〈主語＋be動詞〉が省略されることが多い。

⏱ ワンポイントレッスン❹
《自動詞と間違えやすい他動詞 (l.1)》

　discuss「〜について議論する」は他動詞なので，すぐ後ろに目的語を置くことができる。訳につられて×discuss about と前置詞を置かないように注意したい。同じような例として，approach「〜に近づく」，enter「〜に入る」，marry「〜と結婚する」，reach「〜に到着する」，resemble「〜に似ている」などが挙げられる。

全訳

　最近，一人の友人が今度のスキー休暇について話し合うために私たちの家を訪ねてきた。会話中に，彼女は椅子に深々と座って，満面の笑みを浮かべ，手のひらを素早くこすり合わせて，「もう待っていられない！」と叫んだ。こすり合わせた両手を挙げて，彼女はその旅行が大成功してほしいということを，言葉を使わず私たちに語っていた。

　手のひらを互いにこすり合わせることは，人々が肯定的な期待を伝える方法である。サイコロを投げる人は，勝利の肯定的な期待の印として，サイコロを手のひらにはさんでこすり合わせ，テレビの司会者は手のひらを互いにこすり合わせ，聴衆に「私たちはみんな次のゲストと会うのをずっと心待ちにしてきました」と言い，興奮した販売員は営業部長のオフィスまで得意げに歩いて行き，手のひらをこすり合わせて，興奮して「大量発注をもらいましたよ！」と言う。しかし，夜の終わりに手のひらをこすり合わせながら，あなたのテーブルに来て「ほかに何かいかがですか，奥様」とたずねる接客係は，チップをはずんでほしいということを，言葉を使わずに言っている。

　(1)手のひらをこすり合わせる速さは，その人はだれが得をすると思っているかを伝えている。例えば，あなたが家を買いたくて，ある不動産屋を訪れたとする。望む物件を説明した後，その代理業者は素早く手のひらをこすり合わせて，「あなたにピッタリの家がありますよ！」と言う。このようにして，その代理業者はあなたが得をする結果を望んでいることを伝えたのだ。しかし，もし彼が理想的な物件があると言ったときに，とてもゆっくり手のひらをこすり合わせたらどう思うだろうか。彼は卑劣ずる賢く見え，あなたではなく彼が得をする結果を望んでいるという感じになるだろう。

　販売員は，見込みのある買い手に商品やサービスを説明するときは手のひらをこすり合わせるしぐさをして，買い手に身構えさせないよう素早い手の動きを使うように教えられている。買い手が素早く手のひらをこすり合

わせて「何を売っているの！」と言うときは，彼女はいい物を見たいと思っており，買うかもしれないということを伝えている。

　常に背景を念頭に置いておくとよい。(2)寒い日にバス停に立っている間，手のひらを勢いよくこすり合わせている人がいても，それは必ずしもバスを今か今かと待っているからだとは限らない。彼は手が冷たいからそうしているのかもしれないのだから。

☑ 解 答
1　(1) エ　(2) イ　(3) エ　(4) エ　(5) ア

💡 解法のヒント
1　(1)第 1 段落の最初の文（冒頭文はしばしば topic sentence がくるので要注意）は「地球の特殊性は水が 3 つのすべての様態で存在可能なことにある」という趣旨の英文であるからエが正解である。

(2)「筆者はどうして oceans より ocean の言葉の方が好きなのか」というのがその質問であるが，*l.*8 の because 以下に答えがかくれている。筆者はいくつもある海は，実は one connected body of salt water であると明言している。

(3)「どうして筆者は 1 つの例としてビリヤードの球を引き合いに出すのか」が質問の訳。第 3 段落に $\frac{1}{4000}$ や $\frac{1}{580}$ というかなり分母の大きい分数が 2 つも登場しているように，海の体積と地球の体積の比率を示すことが主眼である。

(4)「陸の生物と海の生物の主たる相違は何か」が質問の訳。ヒントは第 4 段落の最後の文にあり，そこには「生命は海の全領域(the whole realm)に存在する」という趣旨の英文がある。

(5)「筆者は(深)海の研究成果についてどんな感じを持っているか」が質問の訳。最終文にあるように，人類は深海については ignorant であり，特に海底については as if the ocean were located on the planet Venus「まるで海が金星にでもあるかのように」ignorant であったと，仮定法過去を用いて述べていることからアを正解に選ぶ。

🗨 解説
　太陽系(solar system)の惑星の中での地球の特殊性を，水が 3 つの状態で存在することが可能だという点に主眼を置いて論じた科学的読み物。通例，この手の文章は，難解な構文は皆無に近い。従って読者の側では謙虚に事実を学びとろうという姿勢が大切である。

*l.*1　The earth is unusual/among the planets of the solar system/in possessing a surface temperature/that permits water to exist in all three states:/liquid, solid, and gas.「地球は特異である / 太陽系の諸惑星において / ある表面温度を持つという点で（どんな表面温度？）→ /

水が３つのすべての状態で存在することを可能にするような／つまり，液体・固体・気体の状態で」これが直読訳である。このように英文がどんなに長くなっても，Sense Group ごとにサッと意味をとる訳し方は，今後ますます英文解釈の主流になると思われる。

l.2 A number of worlds farther from the sun の worlds は冒頭文の planets のバリエーションである。このように，英語では，主題(主人公)をさまざまなバリエーションで表現するのが常套手段である。具体的には，太陽から遠い順に，Neptune「海王星」, Uranus[júː(ə)rənəs]「天王星」あたりの星を示唆していると思われる。

l.3 Some have surface ice 〜 は Some の直後に worlds を補って考えると理解しやすい。

l.6 — vast collections of liquid water exposed to the atmosphere above「上部が大気にさらされている液体の水の巨大な集合体」これは直前の oceans を言い換えた部分であり，いわゆる「言い換え」の dash の１例である。

l.9 〜 in which Europe-Asia-Africa, ... の which の先行詞は one connected body of salt water であり，in which は and in it と読み換えて，直訳するのが最善の手である。また Europe-Asia-Africa と３つの単語を hyphen で結んであるのは，この３つの大陸が文字通り，地続きであることを明示しているようで興味深い。

l.11 $\frac{1}{4000}$ の読み方は２通りある。すなわち one four thousandth か one over four thousand である。

l.12 If we imagine the earth to be the size of a billiard ball ≒ If the earth were to be the size of a billiard ball であり，内容的には，仮定法に相当する表現である。それゆえ，本文には would と過去形が使われている。ただし，注意すべきは *l.14* の all the rest of the distance would be ... の would で，これは「仮定法」の would ではなく現在時点の「推量」を表す用法である。

l.18 (though birds do make temporary journeys from this base)「とは言っても鳥類は，実際には，この基地から一時的に離れて飛び立つが」この do は，「実際には」と訳したが，要するに「強調」の助動詞である。

l.21 the ocean depths は「深海」という意味であ

るが，「ここが深いと思えば，もっともっと深いところがありそうだ。いやいやもっとあっちは深そうだ」という深い海の底の感じがこの depths の語尾の s に集約されている。また the depths で「心の奥底，絶望のどん底，冬のさなか」という意味もある。例えば２月中旬の深夜，底冷えのする部屋では "I am now in the depths of winter." としみじみ実感するだろう。

⏱️ワンポイントレッスン❺ ────────

《さまざまな「譲歩」の副詞節による表現(*l.*11)》
　英語には「譲歩」を表すさまざまな副詞節がある。

1　〈形容詞＋as＋S＋V〉あるいは〈(冠詞のない)名詞＋as＋S＋V〉
Large and wide as it is, the ocean makes up only a little over 1/4,000 of the total mass of the earth.「広大ではあるが，その海洋は地球全体積の 4000 分の１をわずかに超える量を構成するにすぎない」

2　-ever のついた複合関係詞で始まる副詞節
However humble (≒No matter how humble) it may be, there is no place like home.(諺)「どんなに粗末であっても，(自分の)家ほどいいところはない」

3　文語文では命令形の節が「譲歩」を表すことがある。
Try as she might, she could not solve the question.「どんなに懸命に試みても，彼女はその問題が解けなかった」

────────────────────

全訳

　地球は，水を液体・固体・気体の３つのすべての状態で存在させる表面温度を持つ点で，太陽系の諸惑星の中では特異である。太陽からもっと遠く離れているいくつかの惑星は本質的に氷の状態である。表面は氷で，表面下に液体の水があるかもしれないものもあるが，すべてこのような(地球より)外側の惑星は，表面上に(あるにしても)水蒸気の〔という〕痕跡があるだけであろう。

　地球は，われわれが知る限りでは，上部が大気にさらされている液体の水の巨大な集合体である複数の海洋を持つ唯一の太陽系の惑星である。実際は，１つの海洋と言うべきであろうか。なぜなら太平洋，大西洋，インド洋，北極海，南極海の海洋は，１つに結ばれた塩水の水域をなしていて，そこではヨーロッパ・アジア・アフリカ大陸，アメリカ大陸，そして南極大陸やオーストラリアのようなもっと小さな陸地は島々と考えられるからだ。

　広大ではあるが，その海洋は地球全体積の $\frac{1}{4000}$ をわずかに超える量を構成するに過ぎない。仮に地球をビ

リヤードの球の大きさと考えるならば，海洋はその上にある目立たない湿気の被膜に過ぎないものになろう。もし海洋の最深部に潜ったとしても，地球の中心までの距離の580分の1に過ぎないだろう。後の残りはすべてまず岩石，次に金属となろう。

だが，その目立たない湿気の被膜がわれわれにとってすべての意味を持つ。生命の最初のいくつかの形態がそこで生じたのである。量的に見れば，海洋は今でもこの惑星の生物のほとんどを含んでいる。陸地では，生命は表面数フィート以内に限られている（とは言っても鳥類は，実際はこの基地から一時的に離れて飛び立つが）。海洋では，生命は7マイルもの深さ，ところによってはそれ以上の深さの全領域に永久的に存在する。

だが，近年まで，人類は深海，特に海底については，あたかも海洋が金星にでもあるかのように，無知であった。

6 野生生物と環境問題 (pp.14～15)

解答
1 (1) エ (2) ウ (3) エ (4) イ (5) ア
2 (a) エ (b) ウ (c) イ (d) ア (e) ウ
3 全訳の下線部参照。
4 (1) ○ (2) × (3) × (4) × (5) ○

解法のヒント
1 (1) for example「例えば」 (2)関係副詞の where を選ぶ。先行詞は the only place で，空所以降が関係詞節。 (3)現在分詞が直前の area を修飾している。 (4) either A or B「A と B のどちらか」 (5) keep an eye on ～「～を見守る，～から目を離さない」

2 (c) adapt「適応する」は adopt「採用する」と綴りが似ているので注意したい。 (e) affect「影響を及ぼす」に似た単語に effect「～をもたらす」がある。

3 no longer「もはや～ない」を知っていれば比較的解きやすい問題。the number of ～「～の数」は a number of ～「たくさんの～」と似ているので和訳するときに注意すること。without the help of ～「～の助けなしに」は with the help of ～「～の助けで」の反対の表現。

4 (1)第1段落最終文参照。
(2)第4段落以降はアメリカの動物についても書いてある。
(3)殺虫剤の DDT は農場で使われるものなので×。
(4) less than fifty years ago「つい50年前」と書かれている。
(5)第4段落前半参照。

解説
環境問題と絶滅の危機にある動植物の関係について論じている長文である。空所を補充する問題は文法知識と熟語の知識が同時に問われている。単語力を問う問題も出題されているが，文脈からも十分正解が導き出せる。adapt と adopt など綴りが似ている語を混同しないように注意したい。

*l.*2 Take dinosaurs, for example「恐竜を例に挙げる」 ここでの take は「～を（例に）挙げる」という意味で，直後の文で恐竜について具体的に述べている。

*l.*3 Scientists are still not certain why ～.「科学者たちは未だになぜ～かを確信していない」 certain は，直後に前置詞や that 節，to 不定詞な

どを置くことができる形容詞で，ここでは間接疑問が使われている。

l.3 most likely ～「おそらく～だろう」 この likely は副詞で，前に very, most や quite が置かれることが多い。

l.3 died from ～「～(が原因で)死ぬ」 動詞 die は，from とともに使われると「(外傷など外的な原因で)死ぬ」，of とともに使われると「(病気など内的な原因で)死ぬ」という意味を含んでいる。

l.10 As cities grow, ～「街が拡大するにつれて」 接続詞 as には「～するとき」，「～のように」，「～なので」などの意味があるが，ここでは「比例」を表し，「～するにつれて」と訳す。

l.15 efforts have been made to ～「～する努力がなされている」 受動態の現在完了形である。能動態にすると they have made efforts to ～ となる。make an effort to ～「～する努力をする」

⏀ワンポイントレッスン❻

《接続詞 **if** の様々な用法(*l.27*)》

接続詞の if は名詞節と副詞節で意味が異なり，様々な使い方がある。

1 名詞節の if「～かどうか」
She asked me if I had visited London.「彼女は私にロンドンを訪れたことがあるかどうかをたずねた」

2 副詞節の if「もし～ならば」
If it rains tomorrow, what shall we do?「もし明日雨が降ったら，何をしましょうか」

3 仮定法の if
If I were in your place, I would resist his authority.「私があなたの立場なら，彼の権威に抵抗するのだが」
このほかにも as if ～「まるで～のように」や if it were not for ～「～がなかったら」など，if を使った様々な仮定法の表現がある。

全訳

ときとして，動物は死ぬ。それは自然の事実である。ときとして，ある特定の種のすべての動物が死ぬ。それもまた自然の事実である。例えば，恐竜を例に挙げてみる。科学者たちは未だになぜすべての恐竜が死んだのかを確信していないが，ある種の自然の原因によって死んだ可能性が最も高い。

しかし，現代の世界においては，多くの動物が自然ではない原因で死んでいる。熱帯雨林に住んでいる種を考えてみてほしい。毎日，ますます多くの熱帯雨林の地域が切り倒されているか燃やされている。熱帯雨林の一部が失われると，そこに住むすべての動物がすみかを失い，あるいは，木々の伐採や火災によって死んでしまう。

動物がすみかを失って死んでいく場所は熱帯雨林だけではない。街の周辺では，動物が同じ状況に直面している。街が拡大するにつれて，それらを取り囲む自然地域の中に人間が進出していく。このことは，ねずみから鳥，鹿といったあらゆる種類の動物が，人間の近くに住むのに適応しなければならないか，他の地域に移らなければならないかのどちらかを意味している。新しいすみかに適応できなかったり，それらを見つけられない動物―あるいは場合によってはそれらの種―はやがて死んでしまう。

近年，地域に固有の植物や動物を絶やさないように，一定の土地を保護する努力がなされている。絶滅の危機にさらされたある種の自然のすみかを保護するため，鳥と野生生物のための特別地域に加えて，州立公園と国立公園が設立された。さらに，野生生物管理計画により，絶滅寸前の危機から回復した種もある。これのよい例がハクトウワシである。つい50年前，北アメリカのハクトウワシは深刻な絶滅の状態にさらされていた。虫を殺す化学薬品である DDT の使用は，そのワシの生息数に影響を与えていた。あまりにも多くの農場経営者がこの化学薬品を使っていた。ついに，政府は農場経営者が DDT を使うのを止めさせ，それから科学者が介入して，ヒナが生まれるまでハクトウワシの卵が確実に保護されるようにした。今日，ハクトウワシはもはや絶滅の危機にはなく，合衆国内のワシの数は，科学者たちの助けがなくても増え続けている。

保護区が設立され，野生生物管理計画が深刻な絶滅の危機にさらされている種を見守ってはいるが，科学者はこれらの努力が十分であるかどうかをまだ判断していない。今日絶滅の危機にさらされているすべての植物や動物を救うことはできるのだろうか，あるいはすでに手遅れなのだろうか。

解答

1 イ

2 全訳の下線部参照。

3 エ

解法のヒント

1 質問は「『ありきたりで退屈な家を，すばらしくあたたかい家に変えることのできる』という言葉の意味を最もよく表しているのはどれか」。turn A into B「A を B に変える」

3 ア第1段落の内容より，Walls For You, Inc. の店舗形態はオンラインと実店舗の両方である。 イ第2段落の内容より，クレジットカード，PayPal，特別なオンラインクレジットシステムを使って支払いを行うことができる。 ウ第1段落の内容より，Walls For You, Inc. のウェブサイトでは，ここ数年で大きく変化した最新の壁紙スタイルを簡単に閲覧できる。 エ第2段落の内容より，グレーター・ノーウォークに住んでいる場合，注文の品物が届くまでに3〜5営業日かかるが，わずかな追加料金を支払うことで2営業日に短縮できる。すべての注文の品物が届くまでに3〜5営業日かかるわけではない。

解説

オンラインショッピングにおいてのやりとりの文章で，前半（広告）は商品の案内や代金の支払い方法が話題の中心であり，後半（メール）は注文者のログインや支払いに問題が生じたことが話題の中心となっている。単語は特別難しいものはなく，読みやすいはずだ。

l.6 an extensive range of every color, pattern and texture imaginable for every type of design imaginable for every type of design が every color, pattern and texture を後置修飾している形。

l.7 Our website makes it very easy to browse 〜「〜をとても簡単に閲覧できる」 make it C to 〜「〜することを C にする」

l.8 〜all the latest types of wallpaper styles, many of which have changed 〜 関係代名詞 which の先行詞は直前の styles まで。

l.13 Once you've completed shopping, 〜 この once は接続詞で，「いったん〜したら」の意味。

l.19 depending on the distance from our store 「店からの距離によって」

l.24 I had previously registered with your special online credit system, but this was the first time I'd actually used it. 過去に起きた2つの出来事を並べて説明するとき，時間的に古いほうを had + 過去分詞で表す。詳しくは ワンポイントレッスンを参照。

l.28 seems to have created some confusion to have 過去分詞で seems より時間的に過去の内容であることを表している。

l.29 Hence, what should have been $235.57 hence は「したがって」の意味で，therefore などよりもフォーマルな表現。また，what は関係代名詞で「$235.57 だったはずのもの」

l.32 get it sorted out ASAP get O C で「O を C にする」。また，ASAP は As Soon As Possible の略語。

ワンポイントレッスン⑦

《大過去を表す had ＋過去分詞 (l.24)》

現在完了は現在を基準とし，過去のある1点から現在にいたるまでの「完了」「継続」「経験」を言い表すのに使うが，過去完了形は過去の1点を基準とし，それよりさらに前の過去にいたるまでの「完了」「継続」「経験」を言い表すのに使う。そして過去完了形にはもう1つ重要な使い方がある。それは「大過去」とよばれるもので，過去に起こった2つの出来事を説明するとき，より過去の方を had + 過去分詞で表す。

具体的に説明すると，「マリアは私にスーパーで見かけたと言った」という内容を英語にするとき，この文には「マリアは私に言った」「マリアは私をスーパーで見かけた」という2つの内容が入っている。時間的に過去の方はどちらだろうかというと，「マリアは私をスーパーで見かけた」である。そのため，この文を英文にすると，Maria told me that she had seen me at the supermarket. となり，時間的により過去である部分が had + 過去分詞（had seen）で表現される。

全訳

ウォール・フォー・ユー株式会社

ウォール・フォー・ユー株式会社は，壁紙に関するあらゆるニーズを満たすワンストップショッピングセンターです。55年に渡り，ありきたりで退屈な家を，素晴らしくあたたかい家に変えることのできるよう，カスタマイズされた壁紙をお客様にご提供しております。ロウアー・メインランドのグリーンビル・ショッピング

モールにある当社の店舗にお越しいただくか，オンライン（www.walls4you.com）でもご利用いただけます。私たちは，あらゆるタイプのデザインに対応できるよう，想像できる限りのあらゆる色，柄，質感を豊富に取り揃えています。このウェブサイトでは，最新の壁紙スタイルをとても簡単に閲覧することができます。その多くは，ここ数年でデザインや柄，質感が大きく変化していますが，実際，私たちは，お客様が希望する，あるいは想像しうるすべての種類の壁紙を持っていると確信しています！

　当店のオンライン注文システムはとても簡単です。気に入った壁紙をクリックして，必要な枚数を指定するだけで，選択したものが自動的にショッピングカートに入ります。お買い物が完了したら，お会計に進むと，クレジットカード，PayPal などの支払い方法が表示されます。また，すでに専用のオンラインクレジットシステムに登録されている場合は，ログインして指示に従うだけで買い物が可能です。グレーター・ノーウォーク地域にお住まいの方は，ご注文品の到着までに3〜5営業日かかりますが，いくらかの追加料金をお支払いいただくことで，2営業日でお届けすることができます（Expedited Shipping Option といいます）。この地域以外にお住まいの方は，当店からの距離に応じて，ご注文品の到着までにお時間を頂戴しております。
From: Steve Manly <manly.man@eweb.com>
To: カスタマーサポート <support@walls4you.com>
日付: 2018 年 3 月 12 日
件名 注文番号 4416
　貴社のオンラインシステムを利用して，4種類の壁紙を注文しました。以前，貴社専用のオンラインクレジットシステムに登録していましたが，実際に使うのは今回が初めてでした。ログインにはかなり苦労しましたが，最終的にはうまくいきました。しかし，その後，システムの通信が切れたり，フリーズしたように見えたので，実際にはログオフしてもう一度やり直す必要がありました。残念なことに，システムが同じ注文に対して2回請求しているため，私の注文に混乱が生じたようです！したがって，本来 235.57 ドルであったはずのものが 471.14 ドルになりました。この問題にはすぐに気付いたのですが，オンライン・ヘルプ部門の誰とも連絡が取れませんでした。代わりに，このメールアドレスを教えてもらいました。
これをご覧になりましたら，この問題を早急に解決していただきたいと思います。
ありがとうございました。
スティーブ・マンリー

---

8 火山が地球に与える影響 （pp.18〜19）

☑ 解 答

1	ウ	2	イ	3	イ
4	エ	5	ア	6	ウ
7	ウ				

💡 解法のヒント

1　直後に前置詞 into があるので，他動詞の raise「〜を上げる」ではなく，自動詞の rise「上がる」を選ぶ。

2　本長文の would は「仮定的な意味」で使われている。
ア「ジェシーは翌月に 18 歳になると言った」「単純未来」の時制の一致による過去である。
イ「もし私があなただったら，そこに行くでしょう」 If I were 〜 から「仮定法過去」の文である。
ウ「トムは私に話の一部始終を話そうとはしなかった」「固執」の否定文で，「どうしても〜しようとはしなかった」という拒絶の意味を表す。
エ「私が若いとき，よくラジオを聴いていたものだった」 過去の「習慣・習性」の文。

3　火山からまだ溶岩が流れていた2億5千万年以上も前のことなので過去の推量を表す助動詞 must と現在完了を選ぶ。「〜だったに違いない」

4　硫酸液滴が太陽からの光を宇宙に反射することで，地球の空気が冷えることになる。

5　ここでは，火山の噴火や空気の冷却という長い期間を経て氷河期に至ったことから，「完了」用法の過去完了を選ぶ。〈would have + 過去分詞〉は「過去の推量・意志」を表す。

6　直後の文に this mass extinction「この大量絶滅」とあるので，more than 90 percent が適当。

7　ア「活火山の多くはシベリア・トラップに位置している」言及なし。　イ「火山が放出する二酸化炭素の量は，人間の活動による最近の放出と比べると，非常に少ない」言及なし。　ウ「シベリアの火山噴火は，太陽放射をさえぎることで地球を冷やした」第5段落の内容と一致。　エ「歴史上の火山の噴火は，地球温暖化に直接的な影響を与えた」言及なし。

👤 解説

　火山活動と地球環境の変化の歴史についての長文。地学や化学についての内容で，専門用語も含まれているため，読解するのにやや時間がかかるが，設問の内容自体はそれほど難解なものではな

い。日頃から科学的な内容の長文を読み慣れておくことが大切である。

l.1 be treated to ～「～が与えられる」 be treated to deep red sunsets は「深紅の夕焼けを見られる」という意味。

l.5 go far beyond ～ は go beyond ～「～に勝る」という表現を far で強調している。

l.15 ～, which, as they heated up, changed into sulfur dioxide gas「熱せられると，二酸化硫黄ガスへと変わった」 非制限用法の関係代名詞節の中に副詞節が挿入された文。as は「～するとき」という意味。

l.26 Many scientists blame this ～ on those erupting volcanoes and ....　この文は blame A on B の表現が骨組み。A である this mass extinction を関係代名詞の非制限用法（, which ～），B である those erupting volcanoes and the chain-reaction events を制限用法（that ～）で後ろからそれぞれ修飾している。

ワンポイントレッスン❸

《さまざまな分詞構文の表現（*l.9*）》

1 All things considered（＝If we consider all things）, she is generous.「すべてを考慮すると，彼女は寛大である」
分詞の意味上の主語（All things）が主節の主語（she）と異なる場合に用いられる独立分詞構文。

2 Generally speaking, Japanese are quite diligent.「一般的に言えば，日本人はとても勤勉である」
ほかにも judging from ～「から判断すれば」，speaking of ～「～と言えば」，strictly speaking「厳密に言えば」などがある。分詞構文には慣用的な表現が多くあるので，覚えておくとよい。

全訳

　大きな火山が噴火したあとは，地球全土で何か月間も深紅の夕焼けを毎晩見られるだろう。それは火山が大気に影響を与える重要な手がかりとなる。灰が大気中に上昇して世界中に広がると，日光を拡散して夕焼けをより明るい色に染めながら，空気中にとどまるのである。

　しかし火山が惑星の大気に与える影響は，見事な夕焼けをはるかに超えるものである。シベリアで数百万年前に起こったことを例に挙げてみよう。もしあなたが今日そこに旅行に行くと，「シベリア・トラップ」と呼ばれる，870マイルにもわたって一面に広がる硬い火山岩を訪

れることができる。岩を調査している科学者は，それは約2億5千万年前のものであると言っている。冷える前は，すべての岩は熱い流れる溶岩であった。純然たる岩の量から判断すると，ニューヨークからジョージア州のアトランタくらいまでの広がりで，溶岩を出した火山は非常に大きかったに違いない。

　科学者たちは，地球の内部から熱い溶岩を約60万年間流しながら，シベリアの火山が何度も噴火したと信じている。噴火するたびに，火山は大量の灰を地球の空に噴出させたのだ。

　火山は致死性で窒息させるガスも噴出した。溶け出した鉱物が硫酸塩を放出し，熱せられると，二酸化硫黄ガスへと変わった。

　シベリアの火山から噴出された灰やガスは，大気中に至るまで高く上昇した。灰で太陽の光が地球に届かなくなった。一方で，二酸化硫黄ガスは空気中の水と混ざり，燃える硫酸を作り出した。その硫酸液滴は太陽光線を宇宙へ反射させ，さらに空気を冷やすのである。

　至るところで徐々に気温が下がった。極氷冠は海水が凍るにつれて巨大になっていった。ついには，地球の大半が氷の層の下で凍ったままになった。熱い火山が新しい氷河期を生み出したのだ。一方，酸性雨が地表を強く打ちつけ，酸性雪が雲から降りだした。

　地球の大惨事とほぼ同時期に，地球の海に生息するすべての植物や動物の90％以上の種が徐々に絶滅し，化石だけを残した。多くの科学者たちは，大量絶滅は何千年もかかったのだが，それは火山の噴火とそれにともなう連鎖的なできごとによるものであるとしている。

9 芸術作品に描かれた食べ物の意味 (pp.20〜21)

☑ 解 答

1	イ	2	エ	3	ウ

💡 解法のヒント

1 「この研究における『リンゴ』の分類についていえば，丸ごとのリンゴ2個と半分に切ったリンゴ1個の絵画は（　）に分類されるだろう」第2段落第4文より，1つ以上の食べ物が絵画に描かれていた場合はそれを1とコード化する。

2 それぞれの選択肢と Table 1 の内容を照らし合わせて考える。ア「フランスの絵画はドイツの絵画よりもリンゴが描かれている割合が低い」イ「フランスの絵画はオランダの絵画よりもチーズが描かれた割合が高い」ウ「イタリアの絵画はアメリカの絵画よりパンが描かれた割合が低い」エ「イタリアの絵画はドイツの絵画よりも玉ねぎが描かれた割合が高い」

3 ア「絵画の中の食べ物は芸術家たちの歴史についての知識を示している」イ「絵画の中の食べ物は芸術家たちが自国に滞在したいという願望を示している」ウ「絵画の中の食べ物は芸術家たちの芸術的技能と能力を示している」エ「絵画の中の食べ物は芸術家たちの地元の食べ物に対する愛情を反映している」

📖 解説

絵画に描かれている食べ物について注目したことがある人はあまりいないと思われるが，単に読み物としても興味深い内容である。文の構造はシンプルなものが多いが，表の内容や筆者の主張をきちんと吟味する必要があるだろう。

l.1 Art may reflect the ways people lived. この the ways は how と言い換えが可能。

l.2 if this idea could be extended to paintings この if は「〜かどうか」を表す接続詞で，featuring family meals によって修飾されている。

l.8 with absence coded as 0 この with は付帯状況を表す with で，with O C「O が C の状態で」

l.13 Shellfish were most common in the Netherlands' (Dutch) paintings, which was 〜 関係代名詞の非制限用法。先行詞は直前の文。

l.16 large portions of these countries border oceans or seas （S: large portions of these countries, V: border, O: oceans or seas）

この border は「〜に面する，隣接する」という他動詞。

l.17 Chicken, a common food, seldom appeared この seldom は「めったに〜しない」を表す準否定語。

l.22 〜 food art does not necessarily portray actual life 部分否定「必ずしも〜ない」が含まれた文。

l.26 the complexity of a lemon's surface and interior （S） might explain its popularity （V … O）

この文を直訳すると「レモンの表面と内部の複雑さはその人気を説明できるかもしれない」となるが，名詞句を副詞っぽく訳すと自然になる。これを意訳すると「レモンの表面と内部が複雑な形をしているので，（絵画の対象としては）とても人気があった」となる。

🎯 ワンポイントレッスン❾

《名詞構文 (l.26)》

英語と日本語では，表現のしかたが根本的に異なる場合がある。

英語では，しばしば名詞を中心にとらえて表現するのに対し，日本語訳では，むしろ名詞を動詞に置き換えて訳すと，こなれた表現になる傾向が強い。以下の例で考えてみよう。

1 Recently, an increase in the number of people with allergies has been in the news.
「最近，アレルギー体質の人々の数が増えていることがニュースになっている」

2 Her sudden death surprised us all.「彼女が突然死んだので，私たちは皆驚いた」
注「彼女の突然の死は，私たち皆をびっくりさせた」という直訳はつたないので避けるべきである。

3 His translation of Yasunari Kawabata's novels sold like hot cakes.「彼の訳した川端康成の小説は（どれも）飛ぶように売れた」
名詞を中心とする主語の中に含まれている〈S＋V〉の関係をうまく訳出するのがポイント。

全訳

芸術は人々の生活様式を反映しているのかもしれない。研究者たちは，これまで芸術が衣服や社会的環境をどのように描写してきたかについて議論してきた。ある研究は，この考えを家族の食事を描いた絵画にも適用できる

かどうかを調べた。この研究の結果は，なぜ特定の食べ物が描かれてきたのかを説明するのに役立つかもしれない。

研究者たちは，1500年から2000年にかけて描かれた140枚の家族の食事の絵画を調べた。これらの絵画はアメリカ，フランス，ドイツ，イタリア，オランダの5カ国で描かれたものであった。それぞれの絵に91種類の食べ物があるかを調べ，食べ物がない場合を0，ある場合を1とコード化した。例えば，1つ以上の玉ねぎが描かれている場合は1とコード化した。そしてこれらの国の絵画の中で，それぞれの食べ物が描かれている割合を計算した。

表1は，特定の食べ物が描かれた絵画の割合を示している。研究者たちは，いくつかの発見について議論した。まず，これらの国の絵画には，研究者が予想していたような食べ物が含まれていたものもあった。オランダの絵画には貝類が最も多く描かれていたが，これはオランダの国境の約半分が海に接していることから予想されたことである。2つ目に，研究者が予想していた食べ物が含まれていない絵画もあった。アメリカ，フランス，イタリアでは，国境の大部分が大洋と海に面しているにもかかわらず，貝類と魚類の割合はそれぞれ12%以下であった。また，一般的な食べ物である鶏肉もほとんど描かれていなかった。3つ目は，研究者が予想しなかった食べ物が描かれていた。例えば，ドイツの絵画では国土の6%しか海に面していないのにもかかわらず，20%の絵画に貝類が描かれていた。また，オランダではレモンが自然に栽培されていないのに，レモンが最も多く描かれていた。

これらの結果を先行の研究と比較したうえで，研究者たちは食べ物を描いた芸術は必ずしも実際の生活を描いたものではないと結論づけた。その理由として，いくつかの点が挙げられている。1つは，芸術家たちがより広い世界への興味を表現するために食べ物を描いたということ。もう1つは，芸術家たちが自分の技術を示すために，より難しい食べ物を描いたということである。例えば，オランダの芸術家たちの間では，レモンの表面と内部の複雑さは（絵画の対象としては）とても人気があった。他の解釈も可能なので，異なる視点から絵画を見ることも必要である。それは，絵画が完成した時代と，食べ物の文化的な関係である。この2つの問題については，次のセクションで取り上げる。

10 白熊の進化とその知られざる実態 (pp.22〜23)

✓ 解答

1	ウ	2	エ	3	ウ
4	イ	5	ア，キ		

💡 解法のヒント

1 下線部中のRoman noseとは「鼻筋の高く通ったわし鼻」のことである。ウの「白熊は，その顔の形，つまり横側から見るとわし鼻に見える顔のために速く泳げる」が正解である。またエのat the mercy of 〜は「〜のなすがままに」の意。

Roman nose

2 freeze は「動かない，身がすくむ」の意。Freeze! は「動くな！」の意である。イの keeps quiet「おとなしくしている」にひっかかってはいけない。

4 bonanza とは「大当り，大幸運」の意。白熊にとっての bonanza とは「大ごちそう」のことである。

5 イ「白熊は通常，ヒグマと体形が類似している」 第1段落に矛盾。
ウ「白熊の最もよく食べる食料は死んだクジラのようだ」 *l*.11 に矛盾。
エ「一般的に，白熊は陸上に住むよりも海中に住む方が好きだと言われている」→こんなことはどこにも書いていない。
オ「白熊は，アザラシの頭を激しくかむことにより殺す」→前足の一撃で殺すのである。
カ in the sea を on the land にすれば正解となる文である。

👤 解説

the polar bear「白熊」のほとんど知られていない生態について書かれた科学的読み物である。

l.2 only a scant million years ago, its ancestors were land dwellers.「わずか百万年足らず前には，白熊の先祖は陸に住んでいた」この scant は「ちょっと不足の」という意味で主に米語である。一方，類語 scanty は scant より「不十分」な感じを強める。
cf. a scanty income「わずかな収入」

l.5 Adapted for a life in which 〜 は過去分詞で始まる分詞構文(participial construction)である。Since〔As〕it has been adapted for a life in which ～ と書き換えられる。

*l.*8　while the brown bear's face is markedly dished in. 「一方，ヒグマの顔は著しく鉢型にへこんでいる」　while は対比を表す。markedly は [máːrkidli] と発音する。

*l.*11　seals, the staple of their diet 「アザラシ，それは白熊たちの主要な食料であるが」　seals の後の ,（コンマ）は同格を表す。

*l.*13　the bear moves downwind ～ 「白熊は風下に移動する」　アザラシに嗅覚によって気づかれないためである。

*l.*15　～ until the prey closes its eyes again 「えじき（＝アザラシ）が再び両目を閉じるまでは～」　この prey は seal のバリエーションである。また，*l.*19 の victim も同様に seal のことである。

*l.*18　Upon reaching the seal's patch of ice, ～ 「アザラシの（いる）氷片に到達するとすぐに」　「On〔Upon〕～ing」の用法。As soon as it reaches the seal's patch of ice, ～ と書き換えられる。

*l.*21　When seals are unavailable, polar bears consume anything edible 「アザラシにありつけない時は，白熊は食べられるものはすべて食べ尽くす」　edible は，ある程度のおいしさを示唆する eatable とは異なり，単に「有害有毒ではない」から食べられることを意味する語。また consume を「食べ尽くす」と訳したが，consume には「（火事で）～を焼き尽くす」の意味がある。
cf. The fire consumed the famous writer's mansion. 「その火事で有名作家の大邸宅は全焼した」

ワンポイントレッスン❿
《結果を表す so ... that ～ の表現（*l.*2～3）》
　so ... that ～ は「とても…なので～」の意味で，that 以下は「結果」を表す。また that は口語では省略されることもある。
1　The polar bear and land-dwelling brown bear are so closely related that in captivity they can interbreed. 「白熊と陸に住むヒグマは近縁種なので，おりに入れられた状態では交配することもある」
2　such ... that ～ も同じように結果を表すが，... には名詞がくる。
Keiko is such a warm-hearted woman that everyone likes her. 「恵子はとても心の温かい女性なので，みんな彼女が好きだ」

全訳

　進化論的な時間の規模で，白熊はごく最近の短期間に，ずっとではないが海に住む哺乳動物になったばかりだ。わずか百万年足らず前は，白熊の先祖は陸に住んでいた。白熊と陸に住むヒグマとは近縁種なので，おりに入れられた状態では交配することもある。しかし何千年にわたる氷の大きなかたまりの上や海の中での狩猟の結果，白熊は変化をしてきた。泳ぐことが重要な役割を果たす生活に順応して，白熊はヒグマよりも頭は小さく，首は長く，胴体は細く，より流線形の胴をしている。白熊は抵抗が最小限の状態で水の中を横切って行く「わし鼻」の横顔も見せているが，一方ヒグマの顔は際立って鉢型にへこんでいる。

　白熊は何百マイルも沖合いに思い切って出て行くが，最も普通には陸地と氷と広々とした海とが混じり合った状態になっている地域によく行く。彼らは陸上で子を産み，漂っている浮氷の上で彼らの主要食料であるアザラシを襲う。

　用心深く，泳ぐのが速いアザラシを捕えるのに，白熊はスピードよりはむしろひそかにやるやり方に頼る。アザラシが浮氷の上でひなたぼっこをしてまどろんでいるのを見つけると，白熊は風下に移動し，ゆっくりと用心深く近づき始める。アザラシは周期的に目を覚まして，自分の周囲をすばやく確認するだろう。アザラシが再び目を閉じるまで，白熊は身動きしないで立ちすくむ。もしも最終的な接近を水の中でしなければならないなら，白熊はそっと静かにまず後足から水の中に入って，海面のすぐ下を泳ぐ。時々呼吸するためとアザラシとの間の残っている距離を目測するために海面のちょっと上に頭を出す。アザラシのいる氷片に到達するとすぐに，白熊は水中から出て，氷片によじ登り，そのがっしりした前足の一撃でアザラシの頭蓋骨（ずがい）を砕く。

　アザラシにありつけない時は，白熊は食べられるものは何でも食べ尽くす。つまり，魚，海鳥，海鳥の卵，レミング，植物，腐肉を食べる。海岸に打ち寄せられたクジラの死体は，何マイルも離れた四方八方から白熊を引き寄せる大当りの食料である。

11 新聞のニュース記事を上手に読む極意 (*pp.24〜25*)

✓ 解 答

1 (1) ウ (2) エ (3) エ (4) ア (5) ウ

2 (1) avoidance (2) calculation
(3) advantageous
(4) sensible「分別ある」, sensitive「敏感な」, sensual「官能的な」, sensuous「感性の鋭い」, sensory「感覚の」
以上より4つ

3 記者は, 編集サイドの事情で記事がどの程度削除されるかわからないので, 記事の終わりの部分が削られても事実が伝わり, 意味が通じるように書くから。(70字)

☀ 解法のヒント

1 (2)〈be 動詞＋to- 不定詞〉は, 可能, 運命, 予定, 命令, 義務などを表すが, ここでは, 義務を表すエが正解。
(3) with a sixth-grade readership level in mind の with は付帯状況を表す。sixth-grade の訳語は「(小学) 6年」である。
(4) meet には「(要求, 期待などを) 満たす, (期待に) こたえる」という重要な意味がある。

3 逆ピラミッド型になっている理由は, *l.*22 の a reporter writing から, 最終文までに書かれてある。これを単純に訳すと約120字になる。これを枝葉末節を取り払い, 70字以内にまとめればよい。

一言付言すると, 要約を課す大学は, 私立大学にあってはまだまだ少数派である。志望校が字数指定の要約を出題したかどうかを, 過去数年間調べておくことが大切である。

🙍 解説

*l.*1 〜, but one that contains a great deal of truth. の one は an old saying を受ける代名詞である。

*l.*3 〜, a news story is read for the facts it contains on a certain day. の it は a news story を受ける代名詞である。また facts の直後には関係代名詞の which が省略されている。

*l.*4 〜, and the original story has lost its relation to them.「そして最初の記事はそれらに対する関連性を失ってしまう」が直訳。この文中の them は the facts を受ける。

*l.*6 in the most clear, concise, and readable fashion possible「可能な限り明確で, 簡潔で, しかも読みやすい形で」 possible はこの文例のように名詞の直後に置く方が強意的な表現になる。

*l.*7 a standing rule「効力のある規則」 この standing は「(ずっと) 効力のある」という意味で, a standing invitation は「いつでも好きな時にお越しくださいという招待」のことである。*l.*7〜*l.*10 の The AP, for instance, 〜 に始まる1文に登場する3つの that はいずれも a standing rule と同格の働きをする接続詞の that である。

*l.*17 Scan the headlines to pick out the articles that interest you most. の to pick は「結果」の不定詞で訳してあるが,「目的」ととって訳出することも可。

*l.*24 Thus, he/she writes 〜 で始まる1文は, so that S will 〜「Sが〜できるように」という目的を表す構文に, no matter how much 〜「どんなに〜であっても」という譲歩の構文が加わった文である。使われている単語が比較的平易であり, 難しくはない。

🎯 ワンポイントレッスン⓫

《〈of ＋抽象名詞〉の表現 (*l.*21)》
英語では次に挙げる例文のように〈of＋抽象名詞〉が形容詞 (句) の働きをする。
1 Each succeeding paragraph will be of progressively less importance.「後の段落へ行くに従って徐々に重要でなくなるだろう」(of progressively less importance＝progressively less important)
2 This book is of great importance.「この本はとても重要である」(of great importance≒very important)
3 She is of great beauty.「彼女はとても美しい」(of great beauty≒very beautiful)

全訳

「昨日のニュースほど新鮮味のないものはない」というのは, 古くからの言い回しかもしれないが, 多くの真実を含んだ言い回しでもある。新聞記者でさえ, 普通は自分が書いたものは本質的には一時的だと認めるものだ。時折ある, 賞をとるような記事を除けば記事は, その日についての事実が含まれているから読まれるのである。その事実は翌日までに変わってしまい, 最初の記事は事実との関連性を失ってしまう。だから, 記者あるいは編集者が一番関心を持つのは, 可能な限り明快かつ簡潔で

読みやすい形で事実を提供することであり，文学的優秀さに対してはさほど留意はしていない。たとえば米国連合通信社には，一時，記事について，1文の平均が20語以上にならぬこと，1段落は3文以内にすること，単音節の短い単語で同様に意味を表すことができる場合は，普通，多音節の長い単語はすべて避けるべきこと，という内規があった。実のところ，ほとんどすべての新聞では，1，2の顕著な例外を除いて，6年生レベルの読解力を念頭に置いて書かれている。このことがすべて，読者の知性に対する侮辱のつもりではないのであって，ただ単なる現在の要求にこたえるための手段にすぎないのである。新聞は本来，急いでざっと目を通すような読み方を運命づけられているので，そのような読み方に見合うように書かれている。

　新聞は，読者に合わせようとしているのだから，新聞特有の書き方を徹底的に利用しよう。見出しにざっと目を通して，最も興味を引く記事を選ぼう。それから，記事の本文自体を読むときは，逆ピラミッド型の体裁を念頭に置き，自分がどの程度読むのかをそれに応じて調整しよう。逆ピラミッド型とは，（単に）重要な事実がすべて最初の1つか2つの段落に提示されていて，後の段落へ行くほどだんだん重要ではなくなる（ものだ）というだけの意味である。逆ピラミッドは新聞特有の書き方で，この書き方は，通信社のために書いている記者というものは，さまざまな編集者たちが，それぞれの新聞に合わせるために，どこで記者の原稿を切るかがわからないという事実に由来しているのである。そんなわけだから記者はどんなに多く自分の記事欄の最後の部分を削られてもなお，残った部分に事実が残り，しかも意味が通じるように，記事を書くのである。

12 大型トカゲと現地人の共存 (pp.26～27)

☑ 解答

1	ウ	2	イ	3	エ
4	イ	5	エ		

6 　(1) destine　(2) storage
　　(3) coexistence　(4) dominant
　　(5) insistence　(6) vitality

💡 解法のヒント

1 　weigh は「重さが～である」という意味の動詞で，補語に重量を表す語句（100 kilogramsなど）を置くことができる。また，同じ文にある can grow に合わせて原形にする。

2 　コモドドラゴンの嗅覚は非常に鋭く，風の吹き方次第では8キロ離れていて嗅ぎ分けられる。本問では depend on ～「～次第である」を分詞構文として使っている。

3 　直前までコモドドラゴンの危険性について述べ，Still の直後から有益性について述べているので，逆接の Yet「けれども」を選ぶ。

4 　4行目参照。午後に体を休めて太陽の熱を吸収し，エネルギーを蓄えることで夜間に活動ができるのである。

5 　symbiotic relationship とは「共存関係」という意味。コモドドラゴンは確かに危険な存在ではあるが，観光客を集め，現地の住民に利益をもたらしているのである。

🗣 解説

　コモドドラゴンの生態と，現地の人々との共存関係について述べている。恐ろしい大型トカゲが現地人にとっては友人同然と思われており，様々な優遇措置がなされている。難解な単語のほとんどは前後関係から判断できるものが多く，設問も特別難しいものではない。熟語を問う問題もあるので，日頃から少しずつ覚えておきたい。

*l.*2　here be dragons「ここに（コモド）ドラゴンがいる」　未開拓の地域や危険な地域がある場合，地図上にこう記されることがあった。そのドラゴンと本長文のコモドドラゴンをかけている。

*l.*5　they can grow to over 3 meters long　この to は「限界」を表しており，コモドドラゴンが体長3メートル「まで」成長することを意味している。

*l.*5　weigh more than 90 kilograms「90キロより重くなる」　more than ～ は「～より多い」という意味で，90キロちょうどは含まない。

*l.*14 the dragons have done more good than harm ～「コモドドラゴンは～害をもたらす以上に利益となってきた」〈do+O₁+O₂〉は「O₁にO₂(益や害などを)もたらす」。文脈から明らかである場合は，O₁を省略することができる。ここでは people live there が省略されている。

ワンポイントレッスン⑫ ────────
《as far as と as long as (*l.*6)》
　　as far as は接続詞として使われた場合，「～の限りでは」「範囲」，as long as「～する限り」は主節の文の「条件」として用いられる。
　1　as far as
　　As far as I know, she is only woman that can beat the player.「私の知る限り，彼女はその選手を打ち負かせる唯一の女性です」
　　「私の知っている範囲」ということから as far as が使われている。
　2　as long as
　　You can go out with your friend as long as you promise me to do your homework.「宿題をすると私に約束してくれるなら，友だちと外出していいですよ」
　　「宿題をすると約束すること」が「外出する条件」なので，as long as が使われている。

─────────────────────

全訳
　　インドネシアのコモド国立公園は，典型的な観光の目的地になることはほとんどない。その場所は離れており，焼け付くような暑さで，乾ききっている。しかし，ここにコモドドラゴンがいるのだ。人間よりも速く走り，巨大な水牛に立ち向かう何百もの冷血な爬虫類がここに住んでいる一そして野生なのはここだけである。長く暑い午後の間に体を休めてエネルギーを蓄えるコモドドラゴンは恐るべきハンターである。体長は3メートル以上まで成長し，90キロより重くなるのである。風の吹き方次第では，8キロメートル離れていても新鮮な血を嗅ぎ分けることができる。
　　コモド国立公園は明らかに住むのに最も安全な場所ではない。その大型トカゲは毒を含んだひと噛みだけで人間を殺すことができる。それにもかかわらず，人々はそこに住んでいるのである。カンポン・コモドの海沿いの村で，ブギス族の漁師は，その島を支配している 1,200 頭のドラゴンと何とか共存してきた。彼らは高台に自分たちの家を建てたので，コモドドラゴンは進入できない。夜になると，コモドドラゴンは最も活動的になり，人々は戸外にある照明の明かりを越えて行かないように気をつけるのである。一般に，血と間違えられるため，赤い

服は避ける。それでも，ほとんどの村人は，コモドドラゴンは外国人やお金をその離れた島にもたらすことで，害をもたらす以上に利益となってきたと主張している。ブギス族は漁業に加えて，コモドドラゴンの木彫りを訪問者に売ることで，自分たちの収入を増やした。「大型トカゲがここに住んでいて，私たちには自分たちの家族があります。だから私たちは分かち合わなければならないのです」とコモド島生まれのカディル・アフマドさんは言う。「コモドドラゴンは私たちの友だちです」
　　それは共存の関係である。コモドドラゴンは観光客をもたらし，彼らの現金は現地の住民に不可欠な収入をもたらす。現地住民は，たいていイスラム教徒のブギス族であるが，コモドドラゴンの好物である豚を食べない。しかしコモドドラゴンにたくさんの食べ物を残すために，彼らは自分たちの狩猟のルールを変えて，水牛と鹿を狩ることを違法とまでしたのだ。

⓭ 東洋と西洋の違いとは？　(*pp.*28〜29)

☑ 解答

| 1 | ウ，カ | 2 | ア | 3 | イ |
| 4 | オ | | | | |

☀ 解法のヒント

1 ア「ギリシャ人は一般的に，他の人と一緒にものごとをすることを好むと言われている」第4段落第3，4文に矛盾。　イ「ほとんどの場合，西洋人は他人に頼り1人で行動しない」ギリシャ人などの西洋人は個人主義である。　ウ「中国は，国民がお互いに助け合うことが必要であると思っている，農業社会である」第2段落第3文と一致。　エ「古代ギリシャでは，高齢の人はふつう軽視され，無視される」言及なし。　オ「アジアの社会は，公平さと経済的平等をめったに強調しない傾向がある」言及なし。　カ「ギリシャとローマの社会は，個人に関して同じような見解を持っていた」第4段落最終文と一致。　キ「アジア系アメリカ人は，家族の強い絆という伝統的な習慣に従わない」第3段落に矛盾。　ク「ギリシャ社会の根幹は，多くの点で中国のものにかなり似ている」ギリシャは個性を，中国は結束を重要だと考えている。

2 ア「東アジアの農業経営者は十分な水の供給についてめったに心配する必要がなかった」言及なし。　イ「個人主義は西洋社会においての目立った特徴である」第4段落参照。　ウ「ギリシャ人は社会の圧力や規制によって完全に抑制されたわけではなかった」第4段落第4文参照。　エ「東アジアにおいて，個人の意志決定は，親の希望や欲求にしばしば委ねられる」第3段落第1文参照。　オ「ギリシャ社会と中国社会の根幹は，本来異なるものであった」ギリシャは個性が高く評価される一方で，中国は社会的な繋がりや制約が強い。

3 中国の社会は，「集産主義」「階層的」「家族的」である。

4 東洋と西洋の文化的な違いを歴史的観点から述べた文章である。

👥 解説

中国社会とギリシャ・ローマ社会を比較することで，東洋と西洋の違いを述べた読み物である。東洋と西洋を対照的にとらえ，それぞれにどのような特徴があるかを確認しながら読んでいくとよい。

*l.*1　be such powerful agents of influence　もともと agent には「主体」という意味があり，「このような影響の強力な主体である」→「このような強い影響力を持つ主体」と訳す。

*l.*4　go back at least twenty-five-hundred years to the time of 〜「少なくとも〜の2,500年前にまでさかのぼる」 go back to 〜「〜にさかのぼる」に at least 〜 の副詞句が挿入された文。

*l.*7　, the relations being primarily those of 〜（＝and the relations were primarily those of 〜）主節の主語 Confucius と従属節の主語 the relations が異なっているので，独立分詞構文が使われている。

*l.*14　, and to a substantial degree still is, to 〜 degree「〜の程度」という idiom が用いられている。still is は，obedience to the will of the elders still is という文の主語が省略された形となっている。

*l.*17　I have had Asian American students tell me that 〜.「アジア系アメリカ人の学生が〜と私に言ってきた」 使役動詞〈have＋O＋原形不定詞〉は「〜させる」という意味の「使役」だけでなく，本文のような「経験する」という意味もある。

🎯 ワンポイントレッスン⓭

《代名詞 that と those の表現 (*l.*7)》

名詞の繰り返しを避けるために，〈that〔those〕of 〜〉が使われることがある。これは〈the＋名詞〉の代わりとして用いられる。

1　The population of India is much larger than that of Japan.「インドの人口は日本よりもずっと多い」

2　of の代わりに他の前置詞が使われることがある。

The number of participants this year is higher than that in 2000.「今年の参加者は2000年の参加者より多い」

全訳

なぜアジア人の家族はこのような強い影響力を持つものであるのだろうか。ここで，私は少し離れて，アジアと西洋の社会のいくつかの非常に大きな違いに注目する必要がある。アジア人は，自主性があり個人主義である西洋人よりも，ずっと互いに依存し，集産主義である。これらの東洋と西洋の違いは少なくとも2,500年前の孔子の時代と古代ギリシャの時代にまでさかのぼる。

孔子は社会の土台として，適切な人間関係の役割を厳守することを強調した，その人間関係というのは，皇帝と臣民，夫と妻，親と子，兄と弟，そして友人同士のものが主であった。中国社会は，東アジアのすべての社会のもとになる見本であり，農耕社会であった。これらの社会において，特に灌漑（かんがい）に頼る社会では，協力することは経済活動には不可欠なので，農民はお互いに協力する必要がある。そのような社会は非常に階層的になる傾向もあり，権力が上層から下層へ流れる伝統がある。社会的なつながりや制約が強い。特に中国社会の最も重要な要素は，拡大家族単位である。年長者の意志への服従は，現在でも相当程度そうではあるが，人々を互いにつなぐ重要な結束であった。

家族におけるこの伝統的な役割は，2世そして3世世代のアジア系アメリカ人と彼らの親との関係において，未だに強力な要素である。アジア系アメリカ人の学生が，心理学か哲学の道に進みたいが，彼らの親が医者かエンジニアになってほしいと思っているので，それができないと私に言ってきた。私のヨーロッパ系アメリカ人の学生にとって，彼らの両親からの職業に対する好みは，おおよそ芸術の好み程度でしかない。

ギリシャの伝統は，全く新しい種類の社会的関係を引き起こした。ギリシャの経済は大規模農業ではなく，貿易，狩猟，漁業，遊牧，海賊行為，そしてワイン作りやオリーブオイルの生産などといった小規模な農業関連事業に基づいていた。これらの活動はどれも，人との親密で形式ばった関係を必要としなかった。ギリシャ人は，結果として，他に依存することなく，社会的な拘束にそれほど縛られることなく行動できる余裕があった。彼らは自分の才能を表現したり，欲求を満たすためのたくさんの自由があった。個性は高く評価され，論評や研究の適切な対象とみなされた。ローマの社会は，ギリシャ人の他に依存しない個人主義の伝統を継続させ，ヨーロッパの農民がおそらく中国の農民と同じようにあまり個人主義者ではなかった長い期間の後，ルネサンスとその後の産業革命が，西洋文化の個人主義の気質を再度引き継ぎ，それを加速すらさせた。

14 ある国語教師の実践が証明した音読の効用 (pp.30〜31)

📖 解答
1 全訳の下線部(1)参照。
2 全訳の下線部(2)参照。
3 読み書きできる能力が向上すること。
4 全訳の下線部(4)参照。
5 ウ
6 全訳の下線部(6)参照。

💡 解法のヒント
1 文尾の to を軽視してはいけない。これは read A to B「AをBに読んで聞かせる」を受動態にしたときの to なのである。
2 ten children's books は「10 冊の」子ども用の本であり，「10 歳の」子ども用の本ではない。
3 that は literacy すなわち「読み書きできる能力」を指している。
4 the pairs を単に「そのペア」と訳したのでは，採点官は，渋い顔をして，なにがしかの減点をするであろう。ここでは「私はちゃんとわかっている」ことを示すために，「高校3年生と幼稚園児のペア」と具体的に訳すことが大切である。
5 直前の文の and began 〜 children に対応している。
6 この that は直前にある who didn't have that as a background の that と同じ内容である。すると Gallo 先生の実践内容から考えて「本を子どもに読んで聞かせてあげること」が that の内容となる。

📝 解説
melting pot「人種のるつぼ」と呼ばれるアメリカが抱えている社会問題 "illiteracy" について，高校の教育現場で取り組んできたある女性国語（English だからといって「英語」ではないことに注意！）教師が，結局，音読が一番効用のある対策なのだと実感するまでの経緯を綴った実践報告のレポートである。使用されている語いも構文もほとんど標準的なものであり，設問も特に難しいものはない。

l.3 As a nation, we are frustrated with literacy. 「1つの国家として考えるならば，私たちは識字に失敗しているのです」 この frustrate は名詞形の frustration の日本語訳のインパクトが強いため「欲求不満（になる，にする）」の訳語をつい使ってしまいがちであるが，ここでは「〜を失敗

させる」の訳語が妥当である。

*l.*6　～ seniors at Fitchburg High School
「フィッチバーグ高校の 3 年生の生徒たち」
senior は高校と大学の最高学年のことである。
ちなみに大学 1 年は（女でも）freshman，大学 2
年は sophomore（ギリシャ語で wise and foolish
の意），そして大学 3 年は junior である。

*l.*11　So out of that was born my idea of a
children's literature class. は out of that「そん
な（状況の）中から」を強調した倒置構文であ
る。普通の語順に置き換えると，So my idea of a
children's literature class was born out of that.
である。

*l.*14　children's literature ≒ juvenile[dʒúːvənàil]
literature

*l.*23　～, seniors would march down to the
kindergarten ～「高校 3 年生の生徒たちは，そ
の幼稚園まで繰り出して行ったものだった」　な
お，この would は過去の習慣を表す助動詞，ま
た march down の down は *l.*20 の come down
の down と同様に「高等学校から幼稚園へ」とい
う学校制度における「上から下へ」という「方向」
を示す副詞である。

⏱ ワンポイントレッスン⓮

《〈the ＋比較級 …, the ＋比較級〉の表現(*l.*7)》

今回は上記の「…すればするほど（その分だけ）
ますます～」という表現について学習しよう。

1　As Fitchburg has become more urban, the
students have become less literate.「フィッ
チバーグ（の町）が都会化すればするほど，それ
だけ生徒たちが読み書きできる能力が低下して
きている」

🈟　この文例は接続詞 As「～につれて」が文
頭にあって，〈the ＋比較級 …, the ＋比較級〉の
表現とほぼ同じ意味の表現形式になっているの
で書き換え可能である。

＝The more urban Fitchburg has become,
the less literate the students have become.

2　The sooner, the better.「早ければ早いほど
よい。→先手必勝，先んずれば人を制す」

🈟　文法的に言えば，最初の the は関係副詞，
2 番目の the は指示副詞である。

全訳

メラニー・ガロー先生は高校の国語教師で，音読す
ることがアメリカの識字問題に対する答えになるかもしれ

ないと考えている。また彼女は音読モデルを心に留めて
おくだけではなく，実際の授業においても取り入れてい
る教師の 1 人でもある。彼女が言うには，「私たちは 1
つの国家としては識字に失敗しているのです。子どもた
ちはもう字を読まないのです。この問題を解決する 1 つ
の方法は単純で安上がりです。それは音読することです。
(1)だれだって読んで聞かせてもらうのは好きですから」

フィッチバーグ高校で 3 年生に国語を教えてきたこ
の 20 年間で，ガロー先生はフィッチバーグの町と，生
徒たちの中で起こった 1 つの変化をずっと見つめてきた。
（その変化とは）フィッチバーグの都市化が進めば進む
ほど，生徒たちは読み書きの能力が低下していったこと，
つまり情報を得るためにテレビやビデオにますます依存
するようになっていったことである。

「当時，私は読む能力が劣っていて，特にこれといっ
て学校とかかわらず，あの豊かな子ども時代の言葉や言
語との結びつきが完全に欠如している子どもたちを目の
当たりにしていたのです。だから，そんな状況の中から
児童文学の授業という私の発想が生まれてきたのです」

ガロー先生が行っている児童文学の授業は，子どもの
発達に基づくプログラムの中では 3 年生向けの選択科目
としてできたものだった。授業では優れた児童文学が読
まれた。(2)彼女の生徒たちには 10 冊の子ども用の本を
1 週間で読むという課題が与えられた。しかし，生徒が
自分で読むというだけでは十分ではなかったのである。

ガロー先生は次のように言う。「私は生徒たちに読書
のパートナーをつけることに決定しました。能力が劣っ
ている多くの生徒たちはあまり学校にも来ないのです。
だから，パートナーをつけてほかのだれかに責任を負う
ことにすれば状況が改善するだろうと思ったのです。私
は地元の幼稚園に行って（幼稚園の先生方に）尋ねてみた
のです。『高校生に来てもらって子どもたちに本を読ん
で聞かせるのはどうでしょうか』と」もちろん答えは「イ
エス」だった。

それで初めは週に 1 度，そのプログラムが好評だった
おかげで，後には週に 3 度，高校 3 年の生徒たちが幼稚
園に繰り出して，3 歳，4 歳そして 5 歳のパートナーに
本を読んで聞かせることになった。

「私の生徒たちと読書のパートナーたちとの関係は予
想外のものでした。私たちは子どもたちの要求に合うよ
うな形で高校生たちとパートナーを組ませようとしまし
た。けれども(4)高校 3 年生と子どものペアの間にこうし
た特別な友情が育つことになろうとは思いもよらなかっ
たのです」学期末のパーティーで，幼稚園の先生とガロー
先生は，フットボール・チームの 3 年生たちが小さな読
書のパートナーたちにお別れの贈り物をするのを涙を流

しながら見守った。

　ガロー先生は相手に読んで聞かせるという関係が2つの目標を成し遂げたと感じている。すなわち，幼い子どもたちのほうは，識字能力が身につく道を年齢の早いうちから歩み始めたことと，本を読むための役割モデルを手にしたこと，高校3年生のほうは読む練習をするようになって，音読が幼い子どもたちにとっていかに重要な役割を果たすのかを実際に体験して理解し始めたことである。ガロー先生によれば，その教訓はひょっとしたら彼女が生徒たちに与えた中ではたった1つの，一番重要なことだったかもしれない。

　「もしそれが生徒たちが学んだ唯一のことだとしたら，私は自分がやりたかったことがやれたのです。この生徒たちは家庭環境ではそういう経験がなかったわけだし，(6)(生徒が親になったときに)自分の子どもに本を読んで聞かせてあげることもなかったでしょうから。この国のすべての高校でそれを必修科目にすべきだと強く言いたいと思います。私たちはそれが識字能力を高めるのに最も効果的なやり方だと知っているからです」

15　家事分担における新しい夫婦像の一考察（*pp.32〜33*）

📝 解答

1　(1) of　(2) to　(3) for　(4) on　(5) with
　　(6) on
2　全訳の下線部(1), (2)参照。
3　not
4　(1) 1　(2) 4　(3) 1　(4) 2　(5) 3　(6) 2
5　イ，オ

💡 解法のヒント

1　(5) cope［koup］with 〜「〜をうまく処理する，〜をなんとか切り抜ける」　この語と co-op［kóuɑp］「生協の店」（cooperative の略語）を混同し「〜と協力し合う（×）」などと思い違いをしてはいけない。

2　(1)ポイントは2つある。A rather than B「BというよりむしろA」，そして evolve「発展する」　この2つの訳が正確にできるかどうかである。
　(2) expect は「予想する，推測する」と訳すのがうまい。「期待する」はつたない。expected の目的節が2つあることと，not only A but B の構文を見抜くこと，そして if not scornful は挿入句であり，すぐ前の curious と共に attention を修飾していること。これらがこの訳出における留意点である。

3　第2段落までの論旨の展開が理解できていれば易しい問題である。またBは，このBを含む文の that 以下の内容と，次の A few things 〜 の1文が相反していることから，Not が思い浮かぶはずである。

4　日頃から音読することがこの種の問題には絶大なる効果を発揮する。

5　ア第1段落の内容に矛盾する。
　ウ第2段落の最終文の内容に矛盾する。
　エ第2段落の最終文の内容に関連するが，「望ましいことである」という記述は本文にない。
　カ筆者は，ここまで積極的な家事平等分担への啓蒙活動の姿勢は示していない。

🗨️ 解説

　家事を妻と公平に分担することを日頃から実行しているある夫の，日常生活に素材をとった随想である。
　私自身はと言えば，家では縦のものを横にもしないものぐさ亭主で，随分と女房の不興を買ってきた。このエッセイを読んで，一念発起，自分のことぐらいは自分でしようと思う。それはさてお

き…。

　この問題の 1 ～ 3 は大学入試のオリジナル，4，5 は編者の創作である。

l.4 The sharing of housework is the direct counterpart of ～「家事を分担するということは～に直接的に対応するものである」が直訳。counterpart は「対応する部分」が原義であり，「互いによく似た人物」の意味もある。

　例 My daughter Rumi is the very counterpart of her father.「娘の瑠美は，父親である私にまったく生き写しだ」

l.10 ～ was not as difficult a personal experience as I had expected.「～は私が思っていたほど個人的にはつらい体験ではなかった」 as ～ as の中の不定冠詞 a の位置に注意。

l.14 "Consciousness-raising" is aimed/at least as much/at overcoming women's own resistance/to being "liberated"/as at coping with the hostile reactions/of husbands, other men, and other women.「『意識の向上』というものは向けられている／少なくとも同じくらいに／女たち自身の抵抗感を克服することに／『解放される』ことに対しての／敵意に満ちた反応と闘っていくことに向けられるのと（同じくらいに）／夫たちや，ほかの男たちや女たちの」これが直訳である。at least as much A as B「Bと同じくらいに少なくともA」の構文に aim at の at が組み込まれた構文になっている。

l.19 With all ～ は「～なので」という理由を表す場合と，「～にもかかわらず」という譲歩を表す場合があるが，この場合は context から理由を表すと考えられる。

l.21 I should have undergone some sort of emotional shock ～「私は，何らかの（種類の）感情的動揺を受けるはずであったが（実際には受け）なかった」〈should have + p.p.〉「～すべきであったが実際はそうならなかった」は重要構文であり，受験生の勘所である。

l.31 ～, if they learned about themselves as much as I had.「彼らが，私が今まで学んだのと同じくらいだけ彼ら自身について学んだかどうかということを」 文末の had の後ろに learned about myself を補って考えると理解しやすい。また if は前出の whether の重複を避けるため

の語で wondered の目的節を導く接続詞である。その前の much of an adventure は「大いなる冒険」の意であるが，ここで venture ではなく adventure を使っているところが注目点である。筆者は家事の持つ「冒険的な刺激性や楽しさ」を強調するために，「危険性」を強調する冒険を表す venture ではなく，adventure の語を使用したのである。単語1語の選択を取ってみても，英語の世界は奥が深いとつくづく思う。

ワンポイントレッスン⑮

《再帰代名詞（～self）の用法(*l.9*)》

　再帰代名詞には，次の3用法がある。

1　(代)名詞と同格に用いられて，強調の働きをする。
　I do not mean that all of housework itself is easy.「私は家事のすべてそれ自体が容易なものであると言っているのではない」

2　目的語(O)の働きをする。
　Please seat yourself.「どうぞご着席ください」

3　「前置詞 + oneself〔itself〕」でさまざまな idiom をつくる。
　for oneself「独力で」，by oneself「1人で」，to oneself「独占して」，in itself「それ自体は」，beside oneself with ～「～で我を忘れて」など。

全訳

　妻と私は，たいていの家事を相当程度公平に分担している。とはいえ，いつも同じ仕事をしているというわけではない。私たち夫婦のうちどちらか1人だけがやっている仕事がほんの少しではあるが存在し，そのほかの仕事は共通の責任だと考えている。(1)このような状況は何らかの意図的な計画の結果というよりはむしろ，自然に進展したものであった。家事を2人で分担するというのは，2人が仕事を持ち，家庭の収入に2人とも貢献しているということに，そのまま対応しているに過ぎない。もし仮に，何らかの理由で一方が外の仕事をやめたなら，責任の分担はきっと変化するであろう。

　平等という原則に基づいて家事を始めてみると，驚いたことに家事というものは実にたやすいものであった。私は家事のすべてそれ自体が容易なものであると言っているのではなくて，「女性の仕事」と昔から考えられてきた仕事を引き受けることは，思っていたほど私にとって個人的につらい体験ではなかったということである。女性解放運動における過去10年間にわたる活動や記述や論述の多くは，女性側自身の問題であれ，女性を取り巻く世界の問題であれ，男たちが常日頃何気なくやって

24

きた仕事を引き受けた時に女性が直面するさまざまな困難に焦点を合わせていた。「意識の向上」というものは,夫たちや,ほかの男たちや,女たちによる敵意に満ちた反応と闘うことに向けられたものであると同時に,少なくとも,「解放される」ことへの女性自身の抵抗感の克服に向けられたものである。(2)そうなると,私は軽べつされるまでには至らないにしても周囲の人々から好奇に満ちた注目を浴びるだけにとどまらず,個人的には家事をすることに慣れるのは困難なことになるであろうとも予想したのであった。この予想は,私の父親が家事一切を全くせず,私も同様に家事をすることを強要されたことは一度もないような家庭に育ったために,なおさら確信の度合いを強めていった。こういう私の育った家庭の強烈な「役割分担モデル」と,性により分けられた仕事という男女教育のかなりひどいと思われる影響のために,私は全く訓練を受けてはこなかった家事を始める時に,何らかの感情的動揺を受けるはずであったのに実際はそうではなかった。

　ベビーカーを押しながら近所の道の真ん中を歩いても非難の目を向けられるわけでもなく,思っていた以上はるかに,自分がこういう新しい仕事を楽しんでいることにふと気づいた時,私は実に驚いたのであった。そうだからといっても,私は子どもの世話や,料理や掃除のすべての面を,楽しんでいるわけではないのだ。子どもの世話の中には少しだが楽しくないこともある。たとえば,幼い娘が遊んでほしい時,午前5時に起こされるはめになったり,頭が痛いとか,熱があると言えないので,ただ泣いてばかりいる幼い娘の世話をすることなどがそうである。しかしながら,そういうことを全部経験してみると,私がしてきたのと同じように家事を引き受けてがんばっているほかの男たちのさまざまな体験について,興味がわいてきた。私は彼らが家事を引き受けたことをどう感じているのかを,はたして私と同じように家事というものを大いなる冒険であると思ったのかどうかを,そして私が学んだくらい深く自分自身について知ることができたのかどうかをぜひとも知りたいものだ。

16 心の傷を和らげる方法 *(pp.34〜36)*

☑ **解　答**
1　イ
2　1 イ　2 ア　3 ア　4 ウ　5 ア
3　エ　　　**4**　ウ
5　2番目　ア　4番目　エ
6　エ

💡 **解法のヒント**

1　下線部中の shared と lessened は過去分詞で,それぞれ直前の problem を修飾している。抱えている問題をだれかに話すと,以前より気分がよくなることを表している。

2　1　不快で心に傷を残すような経験を話すのだから,negative を選ぶ。　2　電車に乗り過ごしたり,駐車スペースを見つけられないことは,「ささいな」ことだと考える。　3　1つのグループは嫌な経験について話し,ほかのグループは「普段の」ことを話すように依頼されていた。　4　直後に「健康問題の改善や自己満足度や幸福度の増加」とあるので,well-being を選ぶ。　5　work towards 〜 は「〜へ向けて努力する」という意味。不快な経験をした場合,それを書き出すことで「解決」に向かう。

3　心に傷が残るようなできごとを語ったのは,おしゃべりが役に立つと思ったとき(過去)よりも前のことなので,過去完了を選ぶ。

4　直後の In reality 以降に,「おしゃべりはまったく重大な影響を与えてはいなかった」とある。

5　〈might just as well+動詞の原形〜〉「〜した方がいい」の構文を用いて並べかえる。

6　ア「最近の調査によると,自分の嫌な経験をほかのだれかと共有することで,それを忘れることができる」最近の調査については,第2段落以降に述べられているが,第3段落と矛盾。　イ「実験の結果によって,参加者が話したことは,彼らの究極的な幸福に大きな影響を与えたことが明らかになった」第3段落参照。実験では何の影響もなかったとある。　ウ「ついていない日があったとき,否定的な感情を和らげるためには,だれにも話さないことが最もよい」言及なし。　エ「経験した辛い経験について書くことは,話すことよりも心と体の健康にとってよいことである」第6段落参照。

👤 **解説**

　いかにして人は不快な経験から解放されることができるかを,様々な実験を通して検証した文章

である。単語はやや難しく，関係代名詞や間接疑問，挿入が多く使われているため，単語力とともに読解力が要求される。

l.1　: perhaps the break-up of 〜　ここのコロンは直前の unpleasant and traumatic events を具体的に例示するために用いられている。

l.6　It is a nice idea and one that holds 〜　one は a nice idea を代名詞にしたものであり，後ろから関係代名詞が修飾している。このように one は〈a＋名詞〉の代用とすることができる。

l.11　were asked to avoid 〜, and think instead about 〜　to 不定詞の後ろの動詞の原形は，avoid と think about である。間にコンマで挿入された語句があるので見落とさないようにしたい。

l.13　, one they still thought about 〜　they 以降は関係代名詞節で，先行詞 one（＝event）を修飾している。コンマ以降は同格として，直前の event を具体的に説明する働きがある。

l.30　the results revealed that 〜　直訳すれば「結果は〜ということを明らかにした」だが，ここでは「〜という結果が明らかになった」となる。

ワンポイントレッスン⓰

《might as well と might as well 〜 as（*l*.23）》

　might as well を使った表現は，本長文にある might as well のほかに，might as well 〜 as ... がある。

　1　might as well
　You might as well work overtime and complete the report.「残業してこのレポートを仕上げた方がいい」
　「〜した方がいい」という意味。ほかにすることがないという状況で，控えめな提案を表現することができる。

　2　might as well 〜 as ...
　I might as well throw my money as lend it to you.「君にお金を貸すくらいなら捨ててしまった方がましだ」
　「…するくらいなら〜する方がましだ」という意味で，ありえないことを as well の後ろに置いて引き合いに出すときに使われる。

全訳

　私たちは皆，生きている間に不快で心に傷を残すようなできごとを経験する。おそらくは長い期間に及ぶ人間関係が終わったり，愛する人が死んだり，解雇されたり，あるいは，本当についてない日には3つすべてのことを経験するだろう。常識とあらゆる種類の精神療法の両方によると，最もよい方法は，痛みを他人と分かち合うことである。この方法—共有された問題は軽減された問題—を採用する人は，自分の気持ちを表現することで，悲観的な感情を解放して前に進むことができると信じている。それはよい考えで，とても直感に訴えかけるものである。実際，90%の国民がほかのだれかに心に傷を残すような経験を話すことで，自分たちの痛みを和らげることができると信じている，という調査結果が出た。しかし，それは本当に事実なのだろうか。

　調査するために，ベルギーの研究者たちは重要な研究を行った。参加者のグループは，過去にあった嫌な経験を選ぶよう依頼された。その研究をできるだけ現実的にするために，参加者はささいなこと，例えば電車に乗り過ごしたことや駐車スペースを見つけられなかった，というようなことは避けるように言われ，代わりに「人生で最も不快で動揺するような感情的なできごとで，未だに思い悩んでしまい，話す必要があるもの」について考えるように依頼された。死から離婚，病気から虐待に至るまで問題は深刻であった。参加者のあるグループはそれから，イベントをサポートする実験者とそのできごとについて，長い時間おしゃべりをするように依頼された。一方，2つ目のグループは，ずっと日常的な話題についておしゃべり—人生の典型的な一日である—をするよう頼まれた。1週間後，そしてそれから2か月後に再度，皆研究室に戻り，精神的安定を計る様々なアンケートに記入した。

　心に傷が残るようなできごとについて話すのに時間を費やした参加者は，おしゃべりは役に立ったと考えていた。しかしながら，様々なアンケートは予想した結果とは全く異なっていた。実際には，おしゃべりはまったく重大な影響を与えてはいなかったのである。参加者は，不快で感情的なできごとを共有することはよいことであると思っていたが，彼らの（心の痛みを和らげる）方法による差に関して言えば，いつもの日常についておしゃべりしていた方がいいだろう。

　だから，もし，同情的だが訓練を受けていないある人に，不快な経験を話すことが時間の無駄であるならば，過去の痛みを和らげさせるために何をすればいいだろうか。悲観的な考えを抑えようとするのも同じことである。その代わりに，「思っていることを書くこと」という1つの選択肢がある。

　いくつかの研究において，心に傷を残すようなできごとを経験した参加者は，私生活と仕事の両方にどのような影響を与えたかを含めて，深く考えたり感じたりしたことを毎日たった数分間だけ日記に書いて過ごすように

勧められている。こういった訓練は手っとり早くて簡単だが，参加者は健康問題の改善や自己満足度，幸福度の増加を含め，精神的にも身体的にも非常に健康的になったという結果が明らかになった。その結果は心理学者にちょっとした謎を残した。なぜ心に傷を残すような経験を話すことはほとんど影響がなく，それについて書くことがそのような重大な利益を生み出すのだろうか。

　心理学的な見解からは，話すことと書くことは全く異なる。話すことは体系化されておらず，まとまりがなく，支離滅裂でさえあることがよくある。対照的に，書くことで，何が起きたのかを理解し，解決へ向けて努力するのを助長してくれる，話の筋と構成を思いつくことにつながる。要するに，書くことが体系的で解決に基づいた方法をもたらす一方，話すことは混乱させる感覚を増加させてしまうことがある。

17　息子の新たな門出に寄せて—あるビジネスマンの手紙 (*pp.37～39*)

☑ 解答

1　イ, エ, カ, コ, ス

2　(1) イ　(2) イ　(4) ウ　(5) イ　(6) ア
　　(7) イ　(8) エ　(9) ア　(10) エ　(11) エ
　　(12) ウ

3　全訳の下線部(3)参照。

💡 解法のヒント

1　ア冒頭文と一致。　イ言及なし。　ウ第1段落第3文と一致。　エ言及なし。　オ第1段落第6文と一致。　カ言及なし。　キ第1段落末尾から2番目の文と一致。　ク第2段落第3文と一致。ケ第2段落末尾の文と一致。　コ「将来のことを決めるのはまだ早すぎる」とは書かれていない。サ第3段落の要旨に符合する。　シ第4段落の要旨に符合。　ス第4段落の要旨から判断して，学生時代に学ぶべき科目はむしろ専門分野外の科目である。　セ第5段落の冒頭文と完全に一致。ソ第5段落と一致。　タ第5段落と一致。　チ最終段落と一致。

2　それぞれ問題となっている単語の意味は，(1)「特に」(2)「輩出すること」(4)「有益な」(5)「枠組」(6)「主要な」(7)「～に拍手を送る→賛成する」(8)「(予期せぬ)困難」(9)「～したがる」(10)「展望」(11)「結局は」(12)「充分な」(1)の正解はイである。ウの peculiarly にも「特に」の意味があるが，形容詞形 peculiar が「独特の，一風変わった」の意味から，この副詞は「変に，独特に」の意味が優勢である。従って，問題文の「最も近いもの」には当たらない。

3　この問題文は名詞構文なので少々訳出するのに苦労するかもしれない。この1文は次のようにパラフレイズできる。　One reason why it has succeeded as such an excellent school is that it emphasizes discipline.

🔖 解説

　人生の門出に際し，ビジネスマンの父が息子に綴った心温まる書簡である。大学受験生には内容的にもピッタリで，厳しい実業界を生き抜いた父親の助言は，まさに「千に一つの無駄もない」感じがする。

l.8　～ those who do not の直後には make it を補って考えると理解しやすい。

l.8　But/a good school/and a good mixture of people/to enjoy it with/is certainly an advantageous start.「しかし／よい学校と／うまく人々が交じり合うことは／それ(学校)の中で楽しもうという／確かに有利なスタートである」これが直読訳。to enjoy it with はすぐ前の people の後置の形容詞句。なおこの with は「所属」を表す用法と考えてよい。

*l.*9　Combine these somewhat uncontrollable external forces/with some good internal characteristics/and it becomes pretty hard/to keep a determined fellow down.「こういういささか制御しがたい外面的な力を結びつけなさい／いくつかのよい内面的な特色と共に／そうすればそれはかなり難しくなるだろう(それって何？)→／決意の固まった人間を抑えつけておくことが」が直読訳。世にいう「進学校」の多くは，正にこの combination がうまく成功している実例である。ちなみに，these somewhat uncontrollable external forces は a good school を，some good internal characteristics は people to enjoy it with をそれぞれ詳しく説明した句である。

*l.*13　$\underset{\text{S}}{\underline{\text{A }desire}}$ to learn $\underset{\text{V}}{\underline{\text{makes}}}$

$\underset{\text{O}}{\underline{\text{the act of studying and learning}}}$

$\underset{\text{C}}{\underline{\text{a delight.}}}$

　　上記に示すように第5文型である。study は「勉強の課程」に，learn は「勉強の成果」に重点を置いた語であるから全訳のようにこの2語の相違を訳出してみた。

*l.*15　tend to ～「～に身を入れる，～に専念する」の～の部分には名詞がくることに注意。

*l.*21　To be as prepared as possible/for avoiding some of these/and the many other pitfalls that business presents daily,/map out your next ten years of training *now*.「出来る限り準備をしておくために／こういうこと(倒産やストレスによる早死に)のいくつかを避けるための／そして商売が毎日提供する多くのほかの難題(を避けるための)／今，これから10年間の訓練の計画を練りなさい」これが直読訳。なお文頭の To be の前に In order を補って考えると理解しやすい。

*l.*28　～ to mention but a few.「もし(仮に)2～3の例を挙げるとすれば」 few の直後に subjects を補う。この to mention は「条件(仮定)」を表す副詞的用法の不定詞。

*l.*36　Just don't place *too* much emphasis on the last three "subjects" ～. この部分には「普通」に大学生活を送った男には必ず何か思い当たることがある。自然に青春のほろ苦さと懐古の情がわき起こるユーモアあふれた文章である。

🎧ワンポイントレッスン🟊
《too ～ to ... の表現(*l.*14)》
　　too ～ to ... は「あまりにも～すぎて…できない，…するにはあまりにも～である」という意味の頻出重要構文である。次に挙げる文例でしっかり確認しよう。

1　Too many of your fellow students are too busy complaining about the teachers and *the system* to tend to their studies.「君の同級生の中には教師や学校制度について文句ばかり言うのに忙しすぎて，なかなか勉強に身が入らない生徒があまりにも多すぎる」

2　She is too old not to understand the reason. ≒She is not too young to understand the reason.「彼女はその理由がわからないほど幼くはない」
🈟　次の文中に含まれる too ～ to ... は，前例の2文とは構文的に異なるので注意。
I'm only too glad to be able to meet you.
「あなたにお会いすることができて，これにまさる喜びはございません」
(only too ～ は「実に，この上なく」という意味の副詞句)

──────────────

【全訳】
息子へ：
　教育といえば，ほとんどの人が学校とだけ関係があるもののように考えている。なるほど，学校は教育を始めるのにかなりよいところである。君の場合，高校は優秀な生徒を輩出している特に実績のある学校であり，(3)そんなすばらしい学校として成功している理由の1つは，学校が訓練に力を入れているからだ。もちろん，このタイプの学校(スパルタ進学校)に全く無関係で成功する優れた人間もたくさんいる。しかし，成功する主な理由はいずれも同じである。すなわち訓練である。この場合は主として自己訓練である。それこそが成功する者としない者を分けるカギをにぎる要素なんだ。だがやっぱりよい学校と，その学校でそのよさを楽しもうとする人々がうまく交じり合えば，確実に有益な出発点となる。つ

28

まり（学校という）いささか制御しがたい外面的影響力（支配力）と（生徒という）内面的なよき特色が結びつけば、思ったことを必ずやり遂げると決意した人間を抑えつけることはかなり難しくなるだろう。

　正規の学校教育の枠の中では、ある程度の探究心を持って教室に臨むことが大切だ。学習意欲があれば、予習・復習も楽しくなる。教師が悪い、学校の制度が悪いと文句ばかり言うのに忙しくて、勉強に身が入らない同級生が多すぎるだろうが、結局は、勉強することが学校に通うまず第一番目の理由なのだ。学校の制度なんか、私が大学生の頃から30年間にちっとも変わっちゃいないし、これからの30年間にだって（大半の先生方ともども）恐らく、大して変わるまい。

　実業界に身を投じたいとの君の願い、一応認めることにする。若者にとって、実業界はとてもバラ色に見えてしまう。でっかい車、旅行、一流レストランでの食事など。なるほど、結構な生活ではある、もし——そしてそれは不確定要素の実に強い"もし"だが——君が実業界に君の居場所を得ればの話だ、だって実業界は実に広大で複雑なところなんだから。実業界は、倒産や精神的ストレスのために早死にする人の多い世界でもある。こういうことの幾許かや、商売上、日常的に発生する予期せぬほかの多くの難題を避ける準備を出来る限りしておくために、今、これからの10年間にわたる訓練の計画を練りなさい。

　受講科目選択にあたって、実務にもっぱら関係している科目ばかりを選択したがってはいけない。多少なりと世才に秀でた人間は、珍しくもあり貴重でもある。君により幅広い世間の展望を与え、君をいつの日にか、もっと立派な実業家に仕立て上げてくれるような選ぶべき科目は数えきれないほどある。まあ、ためしにほんの2〜3の例を挙げるとすれば、政治学、歴史学、地質学、天文学といったところだ。

　どんなことでも、この世で何かの役に立たないものはない、と私は確信している。もっと幅広い視野、つまり新しい違った人生観、を与えてくれるような新しい科目を毎年1つずつ受講することを薦めたい。（というのも）君は自分自身が結局はどんな産業分野に携わることになり、ひとたび実業界という地雷原を渡り歩いていくことになれば、ちょっとした知識でもそれがどれほど役に立つことになるのかを、全く理解していないのだからね。

　大学教育とは、君の頭脳を拡大し、よく働くように訓練し、1時間、1日といった時間の自己管理法を教え、多くの人に会い、スポーツをし、女の子を追いかけ、ビールを飲み、そして人生を楽しむように立案されているものなのだ。（もっとも、この最後の3つの「科目」には、あまり力点を置きすぎないように。というのも、どういうわけかこの3つだけは、ほとんど何の苦労も努力もせずに昼夜を分かたずに人の生活にどっぷりと入り込むようだから。）